CW00794019

Dearest Jules

This book simply won't
be the same in English.
(Just remember to use the
"Capri" accent when reading
the recipe out

Best wishes
+
Happy Birthday
Kim
2002

# *Die Kos en Kultuur*
## ─VAN DIE─
# KAAPSE MALEIERS
## ─DEUR CASS ABRAHAMS─

*Met dank aan die Tastic Ryskorporasie vir hul ruim borgskap wat dit moontlik gemaak het om hierdie boek uit te gee.*

*Opgedra aan my dierbare,*
*geduldige gesin en 'n besondere,*
*unieke Kaaps-Maleise gemeenskap*

# Die Kos en Kultuur

VAN DIE

# KAAPSE MALEIERS

DEUR CASS ABRAHAMS

# OUTEURSERKENNINGS

Geen boek van hierdie aard kan ooit geskryf word sonder om diep te put uit die kennis, vaardigheid en ervaring van ander nie. Ek wil veral hulde bring aan my oorlede skoonma en haar ma, en my ma by wie ek soveel geleer het. 'n Spesiale woord van dank aan Miriam en Lamees Abrahams, dr en mev D'Arcy, Fatima Allie, die Orrie-gesin, Mom Vallie, my mentor Peter Veldsman, Lorraine Hatfield, wyle Leslie Faul, Poppy's Meat Hyper wat vleis geskenk het vir die kosfotografie, en al die ongeïdentifiseerde mense wat op die kultuurfoto's pryk.

My hartlike dank ook aan die direksie en personeel by die Tastic Ryskorporasie vir hulle hulp en aanmoediging, in die besonder Stan Kaplan, Sue Stirton, Roger Cotton en die Kaapstad-kantoor vir die gebruik van die perseel vir die kosfotografie.

Les bes, baie dankie aan my gesin, en almal wat so hard gewerk het tydens die verskillende stadiums van die samestelling van dié boek: Dot Morgan, Nanette van Rooyen, David Pickett, die Kariel-drieling, Shafiq Morton, Alix Gracie en Wilsia Metz – wat 'n plesier om saam met julle te werk!

# UITGEWERSERKENNINGS

Die uitgewer bedank graag die volgende persone en instansies wat breekgoed, messegoed, ens. beskikbaar gestel het vir die fotografie: Dr Jeanette Bruwer, Collector's Corner, dr en mev D'Arcy, Klaus Herwig van Foster's, Kaapstad, Ian Hamilton, Rayne Stroebel, en Petra en Stoney Steenkamp.

Uitgegee deur Metz Press
Cameronianslaan 1
Welgemoed 7530

Eerste uitgawe 1995
Tweede druk 1996
Kopiereg © Metz Press
Teks © Cass Abrahams
Voorwoord © Dr M Cassiem D'Arcy
Kosfotografie © Metz Press
Kultuurfoto's © Shafiq Morton

*Reproduksie van oorspronklike waterverfskildery uit die Distrik Ses-versameling van John Hall met vergunning van Jowa Abrahams. Kultuurfoto's op bl. 50 en 55 met vergunning van die Suid-Afrikaanse Biblioteek; kultuurfoto op bl. 76 met vergunning van die Suid-Afrikaanse Nasionale Kunsmuseum.*

| | |
|---|---|
| **Redakteur en projekkoördineerder:** | Wilsia Metz |
| **Vertaler:** | Nanette van Rooyen |
| **Ontwerper:** | Alix Gracie, h/a Design Dynamix, Kaapstad |
| **Kosfotografie:** | David Pickett, Stan & Downing, Kaapstad |
| **Kosstilering:** | Dot Morgan, Johannesburg en |
| | Nanette van Rooyen, Kaapstad |
| **Kultuurfoto's:** | Shafiq Morton, Kaapstad |
| **Reproduksie:** | Hirt & Carter Repro, Kaapstad |
| **Druk- en bindwerk:** | Wing King Tong Co. Ltd, Hongkong |

ISBN 1-875001-04-2

# INHOUD

# VOORWOORD

Suid-Afrika se amptelike inskrywings in die *United Nations Cookbook* van 1967 is Bobotie, Geelrys, Sosaties en Perskepiekels. Al dié watertand-lekker geregte kom van die Kaaps-Maleise tafel. Wie is die Kaapse Maleiers nou eintlik en hoekom val hul kookkuns so reg in die Suid-Afrikaanse smaak?

Teen die middel van die sewentiende eeu het die Nederlandse Oos-Indiese Kompanjie besef dat 'n verversingspos op die lang seeroete tussen Nederland en die spesery-ryke Oos-Indië nodig was. Jan van Riebeeck is na die Kaap die Goeie Hoop gestuur as die eerste aanvoerder van dié nedersetting. Sy opdrag was om 'n hospitaal op te rig, 'n tuin aan te lê en verbyvarende skepe van kos te voorsien. Hy het 'n fort gebou waar die Kaapse Parade nou is en die Kompanjiestuin aangelê.

Maar die Europeërs het met hierdie indringing in hulle gebied die Khoisan-inboorlinge se toorn laat opvlam. Oorlog was onafwendbaar. Van Riebeeck moes hulp vra by die Here XVII, die Kompanjie se senior amptenare in Batavië, om die fort en die nuwe nedersetting te beskerm. Hulle het in 1658 Mardijkers, huursoldate van die Oos-Indiese eiland Amboina, na die Kaap gestuur. Met hul Oosterse herkoms in gedagte, kan 'n mens raai dat die Mardijkers waarskynlik eerste die geurige Oos-Indiese kos waaraan ons vandag so lekker smul na ons land gebring het.

Intussen het die Nederlanders, aangevuur deur 'n brandende begeerte om 'n monopolie in die winsgewende speseryhandel tussen die Ooste en Europa te bekom, in die sewentiende eeu hul strooptogte na die spesery-eilande uitgebrei en die ou koninkryke in wat vandag Indonesië is meedoënloos uitgewis. Ook hul groot mededingers, die Portugese, is die stryd aangesê en verslaan toe Nederland Malakka, die grootste hawe aan die Maleisiese skiereiland, ingeneem het. Die Nederlandse Oos-Indiese Kompanjie het verskeie handelsposte op die Indiese subkontinent tot stand gebring, van die Golf van Bengale in die noorde tot by die Malabar- en Koromandel-kus in die suide. Van dié buiteposte in Indië, Maleia en Indonesië het die Nederlanders politieke bannelinge en hoogs geskoolde slawe na die Kaap gebring om hul kolonie aan die suidpunt van Afrika uit te bou en sy welvaart te verseker.

'Maleier'-slawe was gesog en duur. Hulle is byna uitsluitlik vir geskoolde werk in die huishoudings van welgestelde Kaapse burgers aangestel en was onder meer ambagsmanne, vissermanne, naaldweksters en kokke. Die Kaap se kenmerkende argitektuur getuig vandag nog van hul vaardigheid en vakmanskap. Die Kaapse Maleiers het ondertrou met al die rasse wat deur die kolonie beweeg het: dié van Madagaskar, Mosambiek, Angola en Europa. Maar vanweë hul sterk Moslem-geloof het hulle deur die jare 'n kenmerkende identiteit behou wat gevestig was in

'n ryk kultuur – 'n kleurryke vermenging van hul rustige Oosterse erfenis en die verswelgende, klinies-pragmatiese Weste. Hul *moppies* (humoristiese liedjies) vertel van verworwe liefde en verlore liefde, maar besing bowenal 'n liefde vir kos wat byna aan verheerliking grens. Van die wieg tot die graf vier die Kaapse Maleiers elke moontlike geleentheid om tafels wat kreun onder die oorvloed van die aarde, met gunsteling-geregte voorberei deur vele vlytige hande – en elke dis deurtrek met die wonderlike geur van speserye van die verafgeleë eilande van hul herkoms. Nêrens op aarde is daar nog 'n gemeenskap wat so graag fees vier as die Kaapse Maleiers nie; nêrens op ons planeet 'n groep mense só toegewyd in hul danksegging aan die Almagtige vir die seëninge van die tafel nie.

Kultuur en kookkuns ontwikkel immer en verander sáám met die seisoene, sáám met die verloop van die geskiedenis. Die resepte in dié boek is verruklik, gekoester en vertroetel deur 'n kok wat lééf vir goeie kos, geïnspireer en aangevuur deur 'n nimmereindigende drang om enigeen wat wil proe se smaakkliere te prikkel met die subtiele, sensuele lekkerte van Kaaps-Maleise kos. Cashifa (Cass) Abrahams het die resepte getoets en aangepas vir die gewone mens se sak, die eietydse tafel, die gourmet, die minnaar, die digter. Sy beywer haar vir die bewaring van die Kaaps-Maleise kooktradisie, die Islam-erfenis, maar hou tog tred met die tyd.

Maar, wag ... ek ruik iets. Jy ook? Hmmm! 'n Duisend en een geure vloei uit die eetplekke en kombuise oral in die Kaap ... die tafels kreun, gelaai met 'n duisend en een stomende Indo-Maleise geregte. Daar's Sosaties en Bobotie, Samoosas en Beryani, Slamse Kerrie en Gesmoorde Rys, Denningvleis met Sambals, Geelrys en Plaatfrikkadelle, Gesmoorde Snoek, Pickala, Waterblommetjies met Surings, poedings en pasteie en Falooda vir die dors. My mond water ... my maag knor ... Voor ek *Bismillah* sê, gaan ek op my knieë en bid dat die Kaaps-Maleise kookkuns nog eeue lank 'n gevestigde plek in ons land se kostradisie sal hê.

Knap gedaan, Cass! Hou die potte aan die kook en laat die oonde gloei. Wanneer ons oor ons selluliet en boepmagies vryf, bring ons hulde aan jou.

*M. Cassiem D'Arcy*

*Wonderpeperbessies*

---

### MASALA

LEWER 800 G

*100 g droë rooirissies*
*50 g swart peperkorrels*
*250 g komynsaad*
*300 g koljanderkorrels*
*50 g borrie*
*50 g gemaalde gemmer*
*10 g naeltjies*
*10 g pypkaneel*
*5 g kardemompeule*

Rooster die speserye vir 'n paar minute by 180°C in die oond om die geur te verskerp. Maal fyn en meng met gemaalde speserye. Bêre in 'n lugdigte houer en gebruik soos nodig.

---

*Anys*

*Fenegriek*

*Grofgemaalde Rooi Brandrissie*

*Groen Brandrissie*

*Lourierblare*

# RYSKOS

**Links, bo vlnr:** *Ingelegde vis, kits-viskerrie, soetsuur-lewer, pampoenbredie, masala-vis, geelrys met rosyne, salmslaai, gladde kitsblatjang, groentekerrie*
**Bo:** *Masala-vis, sambals, ingelegde vis*

ys is een van die belangrikste geregte op die Kaaps-Maleise tafel. Hoewel verskeie rysgeregte by feeste en feesvieringe bedien word, word ryskos, of huiskos, tradisioneel as kos vir elke dag beskou. Rys is die Kaapse Maleiers se stapelvoedsel en word minstens een keer per dag saam met die hoofmaal voorgesit. Trouens, enige maaltyd sonder rys word as 'n versnapering beskou.

Rys op die Kaaps-Maleise manier gekook, is lig en los. Dis interessant dat daar in ouer historiese geskrifte verwys word na 'die halfgaar rys wat die slawe kook'. Die Maleise slawe het 'n kookmetode vir rys gevolg wat die Europese setlaars nie geken het nie. Die regte gaarmaakmetode word vandag nog as baie belangrik beskou – geensins 'n pappery nie, maar elke korrel los en lig.

Rys is 'n noodsaaklike bestanddeel van die gewilde Beryani's en word saam met 'n groot verskeidenheid vleis-, pluimvee- en visgeregte bedien. Geelrys gemaak met saffraan word ook vir spesiale geleenthede voorgesit. Ander gesogte tradisionele Kaaps-Maleise rysdisse is soet saffraanrys, klapper-rys, kruie-rys by kerries, amandel-rys, ryspoeding, en 'n ryskoek bekend as *kolwadjib*.

Die meeste van die rys wat in Suid-Afrika op tafel verskyn, word van Amerika en Thailand ingevoer. 'n Kleiner hoeveelheid hoë-kwaliteit witrys word ook van Pakistan ingevoer. Dit is 'n langkorrel-witrys bekend as Basmati – die gewildste rys in die Kaaps-Maleise gemeenskap. Dit vul die kombuis met die wonderlikste geur terwyl dit kook en net 'n ervare kok kry die ryskorrels lekker lig en los.

Rys het ook verskeie kulturele gebruike. As 'n Kaaps-Maleise vrou na 'n nuwe huis trek, is daar drie bakkies wat heel eerste oor die drumpel gedra word – een gevul met rys, een met suiker, die ander met sout. Dit word agter in 'n kombuiskas gehou waar dit bly todat die gesin weer verhuis. Die rys verseker dat haar koskaste

## WENKE VIR BREDIES

Die maak van 'n goeie bredie is 'n deeglike toets vir 'n kok se vernuf, veral om die fyn skeidslyn tussen doodkook en smulsag te vind. Pas hierdie wenke toe om seker te maak dat jou bredies die ware Jakob is:

- Die beste vleis om te gebruik is skaaprib in 2 cm-blokkies gesny.
- Smoor die vleis altyd saam met uie en speserye voordat die groente bygevoeg word.
- Groente word gesny of gekap en rou bygevoeg (behalwe in sekere gevalle, byvoorbeeld by koolbredie).
- Moenie die vleis in water of aftreksel kook nie; dit droog gewoonlik die vleis uit en maak dit taai.
- Hou die hittegraad konstant – ·middelmatige hitte – sodat die bredie 'n paar uur lank liggies kan prut.
- Moenie vloeistof byvoeg nie. Die groente-vloeistof is genoeg om 'n lekker dik sous te maak.
- 'n Bredie smaak op sy beste saam met rys.

Die gaarmaakmetode vir bredies bly dieselfde, ongeag die bestanddele. Heeltemal verskillende geure word egter verkry met die gebruik van verskillende speserye. 'n Bredie is altyd lekkerder die volgende dag of as dit op die oop vuur in 'n swaarboompot gekook is. (Die gewilde Suid-Afrikaanse potjiekos is niks anders nie as 'n bredie wat op 'n oop vuur gekook is. Potjiekos-entoesiaste kan dus ook dié wenke volg!)

**Links:** *Tamatiebredie*

nooit leeg sal wees nie, die suiker sorg vir 'n lekkerte, en die sout hou bose geeste weg.

Enigeen wat gedurende die vas-tyd van Ramadan te oud of te siek is om te vas, moet 'n boete betaal deur elke dag vier koppies rys of die waarde daarvan in geld aan die armes te gee.

Bredies is algemeen op die Kaaps-Maleise tafel en maak saam met kerries die grootste gedeelte van huiskos uit. Louis Leipoldt se beskrywing van 'n bredie is die raakste wat ek nog teëgekom het. Hy beskryf 'n bredie as '... 'n kombinasie van vleis en groente wat saam gaar stowe sodat die vleis deeglik deurtrek word met die groentegeure terwyl die groente die sousigheid van die vleis opneem ... nóg die vleis, nóg die groente oorheers, maar albei saam word 'n genoeglike geheel waarin die kombinasie seëvier' (Vertaal uit *Leipoldt's Cape Cookery*, C Louis Leipoldt).

Onthou dus wanneer jy bredie maak: die vleis moet heerlik sag stowe en byna deel word van die hoofgroente.

## PAMPOENBREDIE

*Moenie 'n waterige pampoen vir bredie gebruik nie. Boerpampoen of botterpampoen is die beste omdat dit ferm bly wanneer dit gekook word. 8 Porsies*

2 groot uie, gekap
250 ml (1 k) water
4 naeltjies
3 wonderpeperbessies
45 ml (3 e) kookolie
1 kg skaapvleis
4 knoffelhuisies, fyngedruk
5 cm-stuk gemmerwortel, fyngedruk
4 stukkies pypkaneel
2 kg pampoen, geskil en in blokkies gesny
30 ml (2 e) bruinsuiker
45 ml (3 e) botter
sout en varsgemaalde swartpeper na smaak
gekapte grasuitjies vir garnering

Plaas die uie, water, naeltjies en wonderpeper in 'n groot kastrol en verhit tot kookpunt. Laat prut tot al die water weggekook is. Voeg die kookolie by en soteer die uie tot goudbruin. Voeg die skaapvleis, knoffel, gemmer en kaneel by en stowe by medium-hitte tot die vleis 'n ryk bruin kleur het en amper gaar is.

Voeg die pampoenstukke by en roer; sorg dat die vleis en pampoen goed gemeng is. Bedek kastrol met 'n digsluitende deksel en laat die bredie prut tot die pampoen sag is. Teen hierdie tyd behoort die vleis al van die been te val. Voeg die bruinsuiker, botter en sout en peper na smaak by. Garneer met gekapte grasuitjies en sit voor saam met varsgekookte Tastic-rys.

## WATERBLOMMETJIEBREDIE

*Waterblommetjies groei in die Kaapse damme en vleie. Sny die stingels af en week die blomme oornag in genoeg soutwater om dit te bedek. 6-8 Porsies*

3 middelslag uie, in skywe gesny
4 wonderpeperbessies
2 naeltjies
125 ml ( ¹/₂ k) water
50 ml (4 e) kookolie
750 g skaapvleis, in blokkies gesny
2 knoffelhuisies, fyngekap
1,5 kg waterblommetjies
4 middelslag aartappels, geskil en in blokkies gesny
1 groterige bossie surings of sap van 2 suurlemoene
5 ml (1 t) sout
varsgemaalde swartpeper

Plaas uie, wonderpeper, naeltjies en water in 'n kastrol en laat prut tot water weggekook is. Voeg olie by en smoor uie tot goudbruin. Voeg vleis en knoffel by en smoor oor lae hitte tot vleis sag en bruin is en 'n dik sous gevorm het. Dreineer waterblommetjies; voeg saam met aartappels, suring en sout by vleis. Bedek kastrol met digsluitende deksel en laat bredie prut tot aartappels gaar is. Sprinkel peper oor en sit voor met Tastic-rys.

**Bo vlnr:** *Tamatiebredie, groenboontjiebredie en pampoenbredie word almal met rys voorgesit*

## GROENBOONTJIEBREDIE

*Dié immergewilde groenboontjiebredie het sy eie unieke samestelling van geure. 8 Porsies*

2 groot uie, gekap
4 naeltjies
4 wonderpeperbessies
2 ml ( ¹/₂ t) peperkorrels
125 ml ( ¹/₂ k) water
90 ml (6 e) kookolie
10 ml (2 t) fyngedrukte knoffel
1 kg skaapvleis
2 kg groenbone, Franse styl gesny
6-8 klein aartappels, geskil
1 groen brandrissie, gekap
sout en peper na smaak
5 ml (1 t) fyn neutmuskaat
skywe rooi soetrissie vir garnering

Kook uie, naeltjies, wonderpeper en peperkorrels in water tot al die water weggekook is. Voeg olie by en soteer uie tot goudkleurig. Voeg knoffel by en roerbraai vir 30 sekondes. Voeg skaapvleis by; bedek kastrol met digsluitende deksel en laat prut oor lae hitte tot vleis bruin en amper gaar is. Voeg boontjies en aartappels by, sit deksel op en prut vir 20 minute tot groente amper gaar is. Voeg brandrissie, sout en peper en neutmuskaat by en kook vir 10 minute. Garneer met skywe rooi soetrissie. Sit voor met Tastic-rys en sambals.

## TAMATIEBREDIE

*Hoender kan in plaas van skaapvleis gebruik word, maar dan moet die kooktyd verminder word. 8 Porsies*

2 groot uie, in skywe gesny
2 ml ( ¹/₂ t) peperkorrels
2 ml ( ¹/₂ t) fyn naeltjies
125 ml ( ¹/₂ k) water
25 ml (2 e) kookolie
2 stukkies pypkaneel
1 kg skaapvleis
3 cm-stukke vars gemmerwortel, fyngekap
2 kardemompeule
1 kg baie ryp tamaties, gekap of
3 blikkies (410 g elk) gekapte tamaties
1 groen brandrissie, gekap
6 middelslag aartappels, geskil en gehalveer
sout, peper en suiker na smaak
gekapte pietersielie vir garnering

Plaas uie, peperkorrels, naeltjies en water in 'n groot kastrol en verhit tot kookpunt. Laat prut tot al die water weggekook is. Voeg olie en kaneel by en smoor tot uie

goudkleurig is. Voeg vleis, gemmer en kardemompeule by en roer deeglik. Verminder hittegraad, bedek kastrol met 'n digsluitende deksel en laat 30 minute liggies prut. Voeg tamaties en brandrissie by. Sit deksel op en prut vir 20 minute. Voeg aartappels, sout, varsgemaalde peper en suiker na smaak by. Sit deksel op en prut totdat aartappels gaar is. Garneer met pietersielie en sit voor saam met varsgekookte Tastic-rys.

## KOOLBREDIE

*Die preie en seldery gee dié bredie 'n heerlike smaak wat jou gesin sowel as jou gaste sal behaag. 6-8 Porsies*

1 groot spitskopkool, gesnipper
2 groot uie, in skywe gesny
125 ml ( ¹/₂ k) water
90 ml (6 e) kookolie
10 ml (2 t) komynsaad
4 naeltjies
2 wonderpeperbessies
1 kg skaapvleis, in blokkies gesny
2 preie, in dun skywe gesny
125 ml ( ¹/₂ k) seldery, gekap
1 groen brandrissie, gekap
8 klein aartappels, geskil
sout en varsgemaalde swartpeper na smaak
5 ml (1 t) suiker

Blansjeer kool vir 5 minute in kokende water. Dreineer en hou eenkant. Kook uie en water in 'n groot kastrol tot water verdamp het. Voeg olie en komyn by en soteer tot uie deurskynend is. Voeg naeltjies, wonderpeper en skaapvleis by en smoor vir 30 minute. Voeg kool, preie en seldery by. Bedek kastrol met 'n digsluitende deksel; prut tot vleis amper sag is. Voeg brandrissie, aartappels, sout en peper by. Roer om te meng, sit deksel op en prut tot aartappels gaar is. Sprinkel suiker oor en roer. Sit voor met Tastic-rys en blatjang.

## GROENTEKERRIE

*Gemengde groente in 'n kerriesous – vinnig en maklik om te berei. 6 Porsies*

30 ml (2 e) kookolie
1 groot ui, gekap
5 ml (1 t) komynsaad
1 stukkie kassia
2 kardemompeule
1 groot tamatie, gekap
1 kg gemengde groente, geskil en gekap

*5 ml (1 t) gemmer-en-knoffelpasta*
*2 ml ( ¹/₂ t) borrie*
*5 ml (1 t) fyn komyn*
*5 ml (1 t) fyn koljander*
*5 ml (1 t) masala*
*sout na smaak*

Verhit olie in 'n groot kastrol en braai uie, komyn, kassia en kardemom tot uie sag is. Voeg tamaties en die res van die bestanddele by en roer deeglik. Smoor tot groente gaar is, maar nie pap nie. Sit voor met *Roti* en blatjang.

## SOETSUUR-LEWER

*Selfs iemand wat langtand aan lewer eet, sal aan hierdie sousbedruipde lewerskywe smul. 6 Porsies*

*750 g skaaplewer, in skywe gesny*
*125 ml ( ¹/₂ k) bruinasyn*
*3 naeltjies*
*2 ml ( ¹/₂ t) peperkorrels*
*1 lourierblaar*
*meel om lewer in te rol*
*kookolie vir vlakbraai*
*2 groot uie, in skywe gesny*
*50 ml (4 e) bruinsuiker*
*sout en peper na smaak*

Marineer lewerskywe vir 1 uur in mengsel van asyn, naeltjies, peperkorrels en lourierblaar. Verwyder lewer en hou marinade eenkant. Rol lewerskywe in meel. Skud oortollige meel af. Verhit olie en braai lewer tot sag. Voeg marinade, uie, suiker, sout en peper by en verhit tot kookpunt. Roer al die kookoorblyfsels op bodem van pan by sous in. Verminder hittegraad en laat prut tot 'n dik sous vorm. Sit voor saam met varsgekookte Tastic-rys en 'n verskeidenheid sambals, of blatjang.

## GEELRYS MET ROSYNE

*Geelrys kan as 'n aparte dis of saam met Bobotie voorgesit word. 6 Porsies*

*500 ml (2 k) Tastic-rys*
*2 stukkies pypkaneel*
*3 kardemompeule*
*2 ml ( ¹/₂ t) borrie*
*1 liter (4 k) water*
*sout na smaak*
*250 ml (1 k) pitlose rosyne*
*30 g botter*
*suiker na smaak*

**Bo:** *Groentekerrie met* roti **Onder Links:** *Tamatiebredie*

Plaas rys, pypkaneel, kardemom, borrie, water en sout in 'n kastrol en verhit tot kookpunt. Verminder hittegraad en kook tot rys sag is. Dreineer in vergiettes en spoel onder lopende water af om van oortollige borrie ontslae te raak. Plaas terug in kastrol, voeg rosyne, botter en suiker by en stoom oor lae hitte tot goed deurwarm. Sit voor saam met Bobotie of Plaatfrikkadelle.

## KOOLFRIKKADELLE

*Gebruik druiweblare in plaas van koolblare indien beskikbaar en berei op dieselfde manier. 8 Porsies*

*3 middelslag uie, in skywe gesny*
*250 g sopbene (skenkelvleis)*
*5 wonderpeperbessies*
*5 naeltjies*
*5 ml (1 t) peperkorrels*
*250 ml (1 k) water*
*500 g gemaalde beesvleis*
*1 eier*
*25 ml (2 e) gekapte pietersielie*
*5 ml (1 t) gemengde kruie*
*25 ml (2 e) sagte botter*
*sout en peper na smaak*
*1 ui, gekap*
*2 knoffelhuisies, fyngekap*
*1 spitskopkool*

60 ml ( ¼ k) sago
250 ml (1 k) water
neutmuskaat, sout en peper na smaak

Plaas uie in skywe gesny, sopbene, wonderpeper, naeltjies, peperkorrels en 250 ml (1 k) water in kastrol. Laat liggies prut. Meng maalvleis, eier, pietersielie, gemengde kruie, botter, sout en peper na smaak, gekapte uie en knoffel in mengbak en hou eenkant. Maak koolblare los van mekaar; stoom 5 minute. Was blare onder koue lopende water; dreineer. Week sago in 250 ml (1 k) water. Rol maalvleis-mengsel in balletjies so groot soos gholfballe. Draai koolblare toe en plaas in kastrol met sopbene. (Voeg nog water by indien nodig.) Giet geweekte sago oor en geur met neutmuskaat, sout en peper. Stoom 30 minute. Verwyder sopbene. Sit voor op 'n laag Tastic-rys.

# DHALL-KERRIE

*Die Indiese invloed in Kaaps-Maleise kookkuns blyk
duidelik uit hierdie vegetariese resep. Gebruik bruinlensies
as olielensies nie beskikbaar is nie. 6 Porsies*

375 ml (1 ½ k) olielensies
2 groot uie, gekap
2 stukkies kassia
2 kardemompeule
60 ml ( ¼ k) kookolie
2 middelslag tamaties, gekap
1 groen brandrissie, fyngekap
10 ml (2 t) fyngedrukte knoffel
15 ml (1 e) masala
5 ml (1 t) fyn komyn
5 ml (1 t) fyn koljander
2 ml ( ½ t) borrie
500 ml (2 k) water
sout na smaak
3 skorsies
60 ml (4 e) koljanderblare, gekap

Was lensies en week ongeveer 1 uur in water. Plaas uie, kassia, kardemom en olie in 'n kastrol en braai tot sag. Voeg tamaties, brandrissie en die res van die speserye by en prut vir 10 minute. Voeg gedreineerde lensies saam met 500 ml (2 k) skoon water en sout by en prut oor lae hitte tot sag. Voeg nog water by indien nodig. Skil skorsies, sny in ringe en verwyder pitte. Pak 'n laag skorsieringe oor lensiemengsel. Bedek kastrol met digsluitende deksel en prut tot skorsieringe sag is. Sprinkel koljanderblare oor en sit voor op 'n laag varsgekookte Tastic-rys.

**Regs:** *'n Bakkie rys is een van die eerste items wat 'n Kaaps-Maleise vrou volgens tradisie oor die drumpel van 'n nuwe huis dra*

# DADEL-BLATJANG

*Hierdie ongewone blatjang smaak heerlik
saam met enige vleisgereg.*

500 g ontpitte dadels
10 knoffelhuisies
125 g gemmerwortel, geskil
125 g droë rooi brandrissies
sout na smaak
500 ml (2 k) bruinasyn
gesteriliseerde bottels

Plaas alle bestanddele behalwe asyn in 'n voedselverwerker of menger en meng tot glad. Voeg asyn by en meng. Plaas mengsel in kastrol en verhit tot kookpunt. Giet in gesteriliseerde bottels terwyl dit nog warm is.

# GLADDE KITSBLATJANG

*Maak dit in 'n kits en sit voor saam met enige
snoekgereg of frikkadelle.*

3 droë brandrissies
10 knoffelhuisies
5 ml (1 t) fyn komyn
5 ml (1 t) sout
500 ml (2 k) gladde appelkooskonfyt
genoeg bruinasyn om mengsel vloeibaar te maak

Stamp brandrissies en knoffel fyn. Roer komyn en sout in. Voeg appelkooskonfyt by en meng goed. Klop asyn bietjie-bietjie by tot die soetsuur-balans na smaak en die mengsel vloeibaar is. (Proe maar kort-kort terwyl jy roer.) Voeg nog konfyt by as die blatjang te suur is.

# SAMBALS

*Sambals word saam met feitlik elke Kaaps-Maleise dis voorge-*
*sit – 'koel' sambals by geregte met 'n byt, en 'warm' sambals*
*by meer neutrale geregte vir 'n pikante afronding. 'n Sambal*
*moet nooit sy kleur en kraakvarsheid verloor nie en smaak*
*op sy beste as dit net voor opdiening berei word.*

## KWEPER-SAMBAL

*1 groot ryp kweper*
*60 ml ( ¹/₄ k) suurlemoensap*
*45 ml (3 e) suiker*
*2 groen brandrissies, fyngekap*
*sout en peper na smaak*

Rasper kweper in suurlemoensap. Voeg res van bestand-
dele by; meng goed. Sit dadelik voor saam met kerrie of vis.

## KOMKOMMER- & TAMATIESAMBAL

*1 komkommer*
*10 ml (2 t) sout*
*1 groot tamatie*
*50 ml (4 e) asyn*
*10 ml (2 t) suiker*
*2 groen brandrissies, fyngekap*
*50 ml (4 e) gekapte koljanderblare*

Proe komkommer om seker te maak dat dit nie bitter is nie.
Skil, verwyder pitte en rasper. Sprinkel sout oor en laat
staan 10 minute. Verwyder tamatiepitte en kap tamatie fyn.
Dreineer komkommer en druk droog met skoon vadoek of
papierhanddoek. Voeg gekapte tamatie by. Meng die res
van die bestanddele in 'n aparte bakkie en giet oor tamatie-
en-komkommermengsel. Sit voor saam met kerrie of enige
bredie en Tastic-rys.

# VISBOBOTIE

*Bobotie hoef nie met maalvleis gemaak te word*
*om smullekker te wees nie! 6 Porsies*

*1 kg stokvis, grate verwyder en gefileer*
*1 klein ui, gekap en in 100 g botter gesoteer*
*5 ml (1 t) elk fyngedrukte knoffel en gemmerwortel*
*10 ml (2 t) masala*
*5 ml (1 t) elk borrie en gemengde kruie*
*sout en peper na smaak*
*6 snye witbrood in melk geweek*
*25 ml (2 e) suurlemoensap*
*50 ml (4 e) bruinsuiker*
*100 ml (8 e) gekapte pietersielie*
*'n knippie neutmuskaat*

## Bolaag

*300 ml (1 ¹/₄ k) melk*
*2 eiers, geklits*
*'n knippie sout*
*4 suurlemoenblare*
*100 g amandelvlokkies*

Maal rou vis in 'n voedselverwerker. Voeg res van bestand-
dele en brood waarvan melk uitgepers is by. Meng goed en
skep in gesmeerde oondvaste skottel. Maak bokant glad.
Meng melk, eiers en sout. Rol suurlemoenblare in pypies,
kneus liggies, en steek in die vismengsel. Besprinkel met
amandelvlokkies en giet eiermengsel oor. Bak by 180°C vir
30-40 minute of tot goudbruin. Sit voor met Tastic-rys en
blatjang of 'n verskeidenheid sambals.

# MASALA-VIS

*Vars vis gemarineer in 'n aromatiese*
*speserymengsel. 6-8 Porsies*

*30 ml (2 e) komynsaad*
*30 ml (2 e) koljanderkorrels*
*10 knoffelhuisies*
*2 groen brandrissies*
*10 ml (2 t) sout*
*5 ml (1 t) borrie*
*15 ml (1 e) masala*
*1 kg snoek of ferm vis, in porsies gesny*
*kookolie vir vlakbraai*
*sap van 3 suurlemoene*
*3 middelslag tamaties in dik skywe gesny*

Druk komynsaad, koljander, knoffel, brandrissies en sout
saam fyn (indien 'n voedselverwerker gebruik word, gooi
knoffel in terwyl die lemme draai om te voorkom dat
huisies onder lemme vassit). Voeg borrie en masala by en
meng tot dik pasta. Vryf vis met pasta in en laat staan vir
15 minute. Verhit olie en braai vis vir 8-10 minute aan elke
kant of tot gaar. Verwyder uit pan, rangskik op 'n mooi
bord en sprinkel suurlemoensap oor. Braai tamatieskywe
vir 2 minute in dieselfde olie en rangskik in lae op vis. Sit
voor saam met *Roti* en sambals.

# INGELEGDE VIS

*'n Heerlike geurige gereg van lae kerrievis en gekookte*
*uie deurtrek met 'n soetsuur sous. 6-8 Porsies*

*1 kg snoek in porsies gesny*
*sout na smaak*

*kookolie vir vlakbraai*
*2 groot uie, in skywe gesny*
*5 knoffelhuisies, gekap*
*250 ml (1 k) asyn*
*125 ml (½ k) water*
*10 ml (2 t) fyn koljander*
*10 ml (2 t) fyn komyn*
*15 ml (1 e) masala*
*5 ml (1 t) borrie*
*2 lourierblare*
*4 elk wonderpeperbessies en naeltjies*
*1 ml (¼ t) peperkorrels*
*suiker na smaak*

Geur vis met sout en braai in olie tot gaar. Verwyder met gleuflepel en hou eenkant in 'n bak; behou olie. Plaas res van bestanddele behalwe suiker in 'n kastrol en verhit tot kookpunt. Verminder hittegraad en prut tot uie deurskynend maar nog ferm is. Voeg suiker na smaak by en roer tot opgelos. Giet warm sous en olie oor vis; maak seker dat elke porsie vis bedek is. Laat afkoel en bêre op 'n koel plek. Sit voor saam met vars brood en botter.

## SMOORSNOEK MET PICKALA

*Pickala is vars snoek wat in mootjies gesny, gewas, met growwe sout ingevryf en in 'n houtvat gepak word waar dit gehou word tot nodig vir gebruik. 6 Porsies*

*1 kg pickala*
*50 ml (4 e) kookolie*
*2 middelslag uie, in skywe gesny*
*1 groen brandrissie*
*3 groot aartappels, geskil en in blokkies gesny*

Week *pickala* oornag in water om vars te maak. Kook in water tot gaar, nie pap nie. Verwyder grate en vlok. Verhit olie in 'n kastrol en smoor uie, brandrissie en aartappels oor lae hitte tot uie halfgaar is. Voeg *pickala* by, bedek met digsluitende deksel en laat tot aartappels en vis gaar is. Sit voor met Tastic-rys en moskonfyt.

## KERRIE-SNOEKKOPSOP

*Hierdie sop is 'n vingerlek-fynkos van die Kaapse Maleiers wat elke been van lekkerte sal wit suig. 6-8 Porsies*

*2 groot snoekkoppe*
*2 uie, in dun skyfies gesny*
*25 g botter*
*2 cm-stuk gemmerwortel, fyngedruk*
*3 knoffelhuisies, fyngedruk*

*125 ml (½ k) gekapte seldery*
*30 ml (2 e) sago*
*75 g lokshen*
*1 groen brandrissie, gekap*
*5 ml (1 t) borrie*
*10 ml (2 t) masala*
*sout na smaak*
*vars koljanderblare vir garnering*

Was snoekkoppe en halveer; laat 'n ietsie van die nekvleis agter. Soteer uie in botter tot sag. Voeg gemmer, knoffel en seldery by en soteer nog 'n paar minute. Voeg viskoppe, sago, lokshen, brandrissie, borrie, masala en genoeg water by om vis te bedek. Geur met sout na smaak. Bedek met digsluitende deksel en prut tot die vis gaar is. Garneer met koljanderblare; sit voor met vars brood en botter.

## STAPPIES

*As gaste onverwags opdaag en die gasvrou onkant vang met te min kos vir almal, sal sy in 'n japtrap 'n stappie, of smoortjie, aanmekaarslaan.*

### KITS-VISKERRIE
*6 Porsies*

*2 middelslag uie, fyngekap*
*15 ml (1 e) kookolie*
*5 knoffelhuisies*
*1 groen brandrissie*
*2 groot tamaties, gekap*
*5 ml (1 t) elk masala, fyn komyn en fyn koljander*
*2 ml (½ t) borrie*
*3 klein blikkies sardientjies in olie, gedreineer*
*6 gekookte eiers, in die lengte gehalveer*
*25 ml (2 e) gekapte vars koljanderblare*

Soteer uie in olie tot sag. Stamp knoffel en brandrissie fyn tot pasta en voeg by uie. Voeg tamaties en speserye by en meng goed. Prut vir 10 minute oor lae hitte tot 'n dik sous vorm. Voeg sardyne en eiers versigtig by en bedek met kerriesous. Laat deurwarm word. Sprinkel koljanderblare oor en sit voor op 'n laag varsgekookte Tastic-rys.

### SALMSLAAI
*4 Porsies*

*1 groot ui, in skywe gesny*
*10 ml (2 t) sout*
*1 tamatie, ontpit en in blokkies gesny*
*60 ml (¼ k) asyn*
*5 ml (1 t) suiker*
*1 blik (410 g) pelsers*
*4 hardgekookte eiers, in lengte gehalveer*
*varsgemaalde swartpeper*

Plaas uie in bakkie en sprinkel sout oor. Vryf sout met vingerpunte in uie in en druk saggies tot uie deurskynend is. Plaas uie in sif en spoel uiesap en sout onder koue water af. Meng tamatie, asyn en suiker. Voeg vis by en roer om. Plaas in slaaibak en rangskik eierhelftes bo-op. Sprinkel varsgemaalde swartpeper oor en sit voor met brood en botter. (Hierdie visslaai is van geblikte salm gemaak toe dit nog redelik goedkoop was. Deesdae word dit met pelsers gemaak, maar steeds *Salmslaai* genoem.)

### GEBRAAIDE SNOEKKUITE
*4 Porsies*

*500 g snoekkuite*
*'n knippie rooipeper*

**Bo vlnr:** *Masala-vis met* roti *en uie-en-tamatie-sambal voorgesit, en ingelegde vis*

*'n knippie swartpeper*
*sout na smaak*
*1 eier, geklits*
*kookolie vir vlakbraai*
*gekapte koljanderblare vir garnering*

Was snoekkuite en kook in liggesoute water tot ferm. Dreineer en laat afkoel. Sny in netjiese porsies en geur met peper en sout. Doop porsies in geklitste eier en braai in olie tot goudbruin. Garneer met gekapte koljanderblare en sit voor met volgraanbrood en blatjang.

# DOOPMAAL

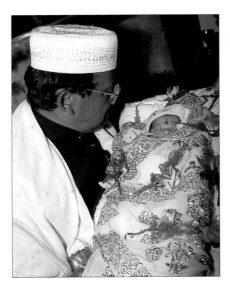

**Links, bo vlnr:** *Rosyntjietert, klappertertjies, melktert, sambouras, korentekolwyntjies, karamonk-happies en klapperhappies*
**Bo:** *Die naamgee-seremonie*

et ná 'n baba se geboorte, tel die pa die baba op, draai in die rigting van Mekka en dreunsing 'n gebed in die kind se oor. Dit verklaar die baba amptelik as 'n Islam-volgeling. Op die sewende dag ná die geboorte vind die naamgee-seremonie plaas – dié geleentheid word met die doopmaal gevier. Vriende, familie en 'n *Imam*, 'n Moslem-priester, woon die verrigtinge by.

Indien die familie dit kan bekostig, word 'n ongeskonde skaap gekoop en aan Allah (God) geoffer, om te vra dat die kind van leed beskerm sal word, soos die seun van die profeet Ebrahiem (Abraham) (AS) van ouds. Hierdie offer word 'n *Aqiqa* genoem. Die vleis word vir die gaste by die doopmaal voorgesit, of 'n derde word deur die familie teruggehou, terwyl die res onder behoeftiges in die gemeenskap uitgedeel word.

Die doop self is 'n eenvoudige seremonie en vind in die huis van die baba se ouers plaas. 'n Spesiale koper-skinkbord met 'n pragtige geborduurde kussing daarop word vir die seremonie gebruik. Die baba dra gewoonlik 'n handgeborduurde dooprok en word toegedraai in 'n *medora*, 'n serp wat met suiwer gouddraad gebor-duur is. (Hierdie serpe word deur pelgrimsgangers gedra wanneer hulle van Mekka terugkeer.) 'n Donker merk in die vorm van 'n hoenderpoot word met 'n kohl-potlood op die baba se voorkop geteken om hom teen die bose oog te beskerm. Dan word roosknoppe op die skinkbord rondom die baba gerangskik. Die rose is sim-bolies van die Profeet Mohammed (MHVH). Hierna word die baba op die skinkbord na die *Imam* geneem wat die doopseremonie behartig. Die seremonie word gewoonlik net deur die mans bygewoon. Tydens die seremonie word 'n haarlok van die baba se koppie gesny wat simbolies is van die skeer van babas se hare vroeër jare. 'n Dadel of suiker word by die baba se mond gehou om 'n soete toekoms te verseker. Na die

gebede word die skinkbord met die baba rondgegee en elke man neem dan 'n roosknop om in sy lapel te steek.

Die swier van die doopmaal hang af van die ouers se vermoëndheid. Volgens tradisie word koek en beskuitjies voorgesit. Warm geregte soos Sosaties, Bobotie, Masalahoender en Geskroeide Vermicelli kan ook voorgesit word, sowel as Oondgebraaide Lamsboud van die *Aqiqa*.

Die enigste koekresep wat werklik sy oorsprong in die Ooste het, is *Kolwadjib*, 'n ongebakte ryskoek. Die meeste ander koek-, tert- en beskuitjie-resepte is deur die Maleierslawe van ouds van hul Hollandse meesters oorgeneem, maar het weldra deel gevorm van hul eie kostradisie.

# MELKTERT

*'n Immergewilde gunsteling met 'n ligte-soet broskors.*

### Kors

*750 ml (3 k) meelblom*
*sout na smaak*
*10 ml (2 t) bakpoeier*
*30 g botter*
*45 ml (3 e) suiker*
*2 eiers*
*'n bietjie yswater*

Sif meelblom, sout en bakpoeier. Verroom botter en suiker in 'n aparte bak. Klits eiers en voeg by geroomde botter en suiker; klits deeglik. Sif meel by eiermengsel en meng liggies tot 'n sagte deeg. Voeg 'n bietjie yswater by indien nodig. Rol deeg 5 mm dik uit en voer 'n losboom-pan van 25 cm daarmee uit. Druk deeg liggies in pan vas; rond netjies af. Prik deeg met tande van vurk en bestryk liggies met geklitste eierwit om te voorkom dat deeg pap raak.

### Vulsel

*500 ml (2 k) suiker*
*50 ml (4 e) meelblom*
*knippie sout*
*1 liter (4 k) melk*
*5 ml (1 t) vanieljegeursel*
*4 kardemompeule*
*2 stukkies pypkaneel*
*9 eiers, geskei*
*30 g botter*
*30 ml (2 e) kaneelsuiker*

Meng helfte van suiker met meelblom en sout. Verhit melk oor lae hitte tot kookpunt. Roer meelmengsel versigtig by melk in en hou aan roer oor lae hitte tot mengsel verdik. Verwyder van stoof en voeg vanieljegeursel, kardemom en kaneel by. Klits eiergele. Voeg res van suiker by en klits tot lig en romerig. Roer eiermengsel by melkmengsel in. Laat effens afkoel en verwyder kardemompeule en pypkaneel. Klits eierwitte styf en vou in. Skep vulsel in ongebakte kors. Stip met botter en strooi kaneelsuiker oor. Bak vir 30 minute by 180°C. Verminder hittegraad na 160°C en bak tot kors goudbruin is.

# KOLWADJIB

*'n Soet, ongebakte ryskoek van Oosterse oorsprong.*
*Versier met glanskersies en kruisementblare*
*vir 'n feestelike voorkoms.*

*500 ml (2 k) Tastic-rys*
*1,5 liter (6 k) water*
*sout na smaak*
*5 ml (1 t) fyngestampte nartjieskil of*
*rooswater na smaak*
*5 ml (1 t) fyn kardemom*
*125 g botter*
*250 ml (1 k) bruinsuiker*
*250 ml (1 k) droë klapper*
*glanskersies en kruisementblare vir garnering*

Plaas rys, water en sout in 'n groot kastrol en bring tot kookpunt. Voeg nartjieskil of rooswater en kardemom by en kook tot 'n dik pap. Voeg botter, suiker en klapper by en roer oor lae hitte tot suiker opgelos is. Verwyder van stoof en skep mengsel in gesmeerde bak. Maak bokant met agterkant van lepel glad. Laat afkoel. Sny in blokkies en versier met glanskersies en kruisementblare.

**Links:** Kolwadjib, *die enigste koek in die Kaaps-Maleise kookkuns wat werklik van die Ooste kom*

## SAMBOURAS

*Bros beskuitjies volgens tradisie met
korente versier. 48 Beskuitjies*

---

310 ml (1 ¼ k) geelsuiker
60 g botter of sagte vet
80 ml (⅓ k) kookolie
2 ml (½ e) fyn kardemom
5 ml (1 t) fyn gemmer
5 ml (1 t) rooswater
2 eiers
4 x 250 ml (4 k) meelblom
10 ml (2 t) bakpoeier
knippie sout
korente en suiker vir versiering

Verroom die suiker en botter of vet deeglik in 'n groot
mengbak. Voeg die olie by en klop tot romerig. Voeg spe-
serye en geursel by; vermeng. Klits eiers deeglik, voeg by
die geroomde mengsel en klits goed. Sif meelblom,
bakpoeier en sout saam. Voeg by die eiermengsel en meng
tot stywe deeg wat uitgerol kan word.

Rol die deeg 5 mm dik uit en druk langwerpige vorms
uit. Strooi suiker oor en druk 3 korente in elke vormpie,
een bo, een in die middel en een onder (Sambouras word
tradisioneel só versier). Plaas op 'n gesmeerde bakplaat en
bak vir 20 minute by 180°C. Wikkel die beskuitjies versigtig
los en laat op 'n draadrak afkoel.

**Bo:** *Essies* (links) *en rulle* (regs) *is altyd gewild by sowel die
Doopmaal as 'n verlowingsfees*

## KLAPPERHAPPIES

*Vir variasie, strooi suiker oor beskuitjies voor
dit gebak word. 60 Happies*

---

4 x 250 ml (4 k) meelblom
sout na smaak
150 g botter
2 eiers
250 ml (1 k) suiker
250 ml (1 k) droë klapper
'n bietjie kookolie
5 ml (1 t) vanieljegeursel
glanskersies en suiker vir versiering

Sif meelblom en sout saam. Vryf botter in tot mengsel
krummelrig is. Klits eiers en vanieljegeursel. Voeg suiker
bietjie-bietjie by en klits tot suiker opgelos is. Voeg klapper
by meelblom en meng. Voeg by eiermengsel en meng tot
deeg wat uitgerol kan word. Voeg 'n bietjie olie by as deeg
te styf is. Rol 10 mm dik uit. Druk vormpies uit, strooi sui-
ker oor en plaas 'n halwe kersie in die middel van elke
vormpie. Plaas op 'n gesmeerde bakplaat en bak by 180°C
tot goudbruin. Wikkel beskuitjies los en laat op draadrak
afkoel. Bêre klapperhappies in 'n lugdigte houer sodat
hulle lekker bros bly.

## RULLE

*Om Rulle te maak, is harde werk, maar
dit loon die moeite. 60 Rulle*

---

625 ml (2 ½ k) suiker
60 g botter
250 g sagte vet of margarien
2 eiers, geklits
4 x 250 ml (4 k) meelblom
10 ml (2 t) bakpoeier
knippie sout
10 ml (2 t) elk fyn kaneel, fyn kardemom,
fyn gemmer en fyngedrukde nartjieskil
melk vir meng
250 ml (1 k) kaiings
2 ml (½ t) koeksoda
kookolie vir diepbraai
kaneelsuiker

Verroom die suiker, botter en sagte vet of margarien tot lig. Voeg geklitste eiers by en meng tot glad. Sif die meelblom, bakpoeier, sout, speserye en nartjieskil saam. Meng die melk, kaiings en koeksoda. Voeg die melkmengsel en die meelblommengsel om die beurt by die eiermengsel en meng tot 'n deeg wat uitgerol kan word. Voeg nog meelblom by indien nodig. Rol die deeg 10 mm dik uit. Sny in diamantvorms. Diepbraai tot goudbruin. Lig met gleuflepel uit en dreineer op 'n papierhanddoek. Strooi kaneelsuiker oor terwyl die Rulle nog warm is.

## KLAPPERTERTJIES

*Die geheim vir sukses met skilferkors is om die deeg
koud te hou en in 'n warm oond te bak. 24 Tertjies*

---

### Maklike Skilferkors

750 ml (3 k) meelblom
5 ml (1 t) bakpoeier
knippie sout
500 g botter
15 ml (1 e) asyn
325 ml (1 ½ k) yswater

Sif meelblom, bakpoeier en sout saam. Rasper botter in en meng. Voeg asyn by water en meng liggies met meelmengsel. Vorm deeg liggies in 'n bal en verkoel vir 2 uur. Rol op meelbestrooide oppervlak 'n reghoek van 10 mm dik uit. Vou deeg in helfte met kort kante bymekaar; vou weer in die helfte in dieselfde rigting. Vou nou van links na regs in die helfte om 'n vierkant te vorm. Plaas in yskas vir 1 uur. Herhaal dié uitrol-en-vou-proses nog drie keer voor gebruik. Haal uit yskas 'n paar minute voor benodig.

### Vulsel

*250 ml (1 k) suiker*
*500 ml (2 k) droë klapper*
*125 ml ( ½ k) water*
*5 ml vanieljegeursel*

Plaas alle bestanddele in 'n kastrol en verhit tot kookpunt oor lae hitte. Roer oor lae hitte tot vulsel glad en sag is. Moenie te veel kook nie – dit sal dik en taai word. Rol skilferkorsdeeg 5 mm dik uit, druk sirkels uit wat in kolwyntjiepannetjies pas en voer die kolwyntjiepannetjies daarmee. Plaas 15 ml (1 e) vulsel in die middel van elke sirkel en bedek met strokies deeg. Bestryk deeg met geklitste eiergeel. Bak by 200°C tot tertjies 'n ryk goue kleur het.

## ESSIES

*Soet, bros beskuitjies met 'n heerlike kombinasie van speserye. Dit word in 'n interessante tweekleur S-vorm gebak, vandaar die naam 'Essies'. 84 Beskuitjies*

---

*750 ml (3 k) meelblom*
*5 ml (1 t) sout*
*5 ml (1 t) koeksoda*
*5 ml (1 t) kremetart*
*5 ml (1 t) fyn neutmuskaat*
*5 ml (1 t) elk fyn naeltjies en fyn kaneel*
*5 ml (1 t) fyn gemmer*
*375 ml (1 ½ k) bruinsuiker*
*125 g botter*
*50 g sagte vet*
*3 eiers*
*5 ml rooi bolle (voedselkleursel verkrygbaar by apteke)*

Sif meelblom, sout, koeksoda, kremetart en speserye saam. Voeg suiker by en meng. Vryf botter en vet met vingerpunte in. Klits eiers en voeg by meelmengsel om 'n stywe deeg te vorm wat uitgerol kan word. Meng rooi bolle met helfte van deeg. Rol deeg in klein balletjies. Druk elke rooi balletjie teen 'n wit balletjie; rol in 'n slangetjie en vorm 'n 'S'. Plaas op 'n gesmeerde bakplaat en bak vir 10-12 minute by 180°C. Wikkel essies los en laat op draadrak afkoel.

## KARAMONK-HAPPIES

*Hierdie broslekker kardemom-koekies het 'n heerlike klappersmaak. 72 Koekies*

---

*250 g botter*
*625 ml (2 ½ k) suiker*
*60 ml ( k) kookolie of sagte vet*

*2 eiers*
*8 x 250 ml (8 k) meelblom*
*10 ml (2 t) bakpoeier*
*375 ml (1 ½ k) droë klapper*
*7 kardemompeule, fyngedruk*
*5 ml (1 t) fyngedrukte nartjieskil*
*okkerneute vir versiering*

Verroom botter en suiker. Voeg kookolie of sagte vet by en meng goed. Klits eiers. Voeg by roommengsel en klop goed. Sif meelblom en bakpoeier; meng met klapper, kardemom en nartjieskil. Voeg droë bestanddele by roommengsel en meng tot deeg wat uitgerol kan word. Rol 5 mm dik uit op meelbestrooide oppervlak. Druk patroon met vurk op deeg uit, sny in vierkante en sit 'n halwe okkerneut op elke vierkant. Plaas op 'n gesmeerde bakplaat en bak 15-20 minute by 180°C. Wikkel koekies los en laat op draadrak afkoel.

## ROSYNTJIETERT

*'n Soet oop tert, verleidelik lekker saam met vars, geklopte room.*

---

### Kors

*Berei skilferkors soos beskryf op bladsy 30*

### Vulsel

*250 ml (1 k) pitlose rosyne*
*250 ml (1 k) sultanas*
*250 ml (1 k) water*
*80 ml ( ⅓ k) suiker*
*15 ml (1 e) botter*
*fyn kaneel na smaak*

Plaas rosyne, sultanas en water in kastrol en laat prut tot rosyne en sultanas plomp en uitgedy is. Voeg suiker, botter en kaneel by. Prut tot mengsel amper droog is. Die vulsel

moenie waterig wees nie. Rol deeg 5 mm dik uit. Voer 'n 25 cm-tertbak met deeg uit. Sny res van deeg in lang repe, 10 mm breed. Skep vulsel in tertpan en plaas deegstroke kruis en dwars oor vulsel. Bestryk deeg met geklitste eiergeel. Bak 30 minute by 200°C. Laat afkoel en sit voor met geklopte room.

## BOTTERBESKUITJIES

*Plaas die deeg 'n rukkie lank in die yskas*
*as dit te sag raak. 96 Beskuitjies*

4 x 250 ml (4 k) meelblom
10 ml (2 t) bakpoeier
sout na smaak
300 ml (1 ¼ k) suiker
250 g botter
2 eiers
glanskersies en waatlemoenstukke vir versiering

Sif meelblom, bakpoeier en sout saam. Voeg suiker by en meng. Vryf botter in. Klits eiers en voeg by meelmengsel. Meng tot sagte deeg sonder om dit te veel te hanteer. Rol 5 mm dik op meelbestrooide oppervlak uit en druk vorms met 'n koekiedrukker uit. Versier elke vormpie met 'n stukkie kersie en waatlemoen. Plaas op 'n gesmeerde bakplaat en bak 12-15 minute by 180°C. Wikkel beskuitjies los en laat op draadrak afkoel.

## KORENTEKOLWYNTJIES

*Hierdie soet muffins met korente word tradisioneel met*
*helder gekleurde versiersuiker versier. Ek verkies om net*
*'n bietjie versiersuiker oor te sif. 36 Kolwyntjies*

4 x 250 ml (4 k) bruismeel
sout na smaak
125 g botter
200 ml (⅔ k) suiker
2 eiers
375 ml (1 ½ k) melk
5 ml (1 t) vanieljegeursel
250 ml (1 k) korente
versiersuiker om oor te sif

Sif bruismeel en sout saam. Verroom botter en suiker tot lig. Klits eiers; voeg by roommengsel en klop goed. Sif bruismeel by roommengsel en meng tot 'n sagte, nie-loperige beslag. Voeg nog melk by indien beslag te styf is. Voeg

vanieljegeursel en korente by en meng. Skep in gesmeerde kolwyntjiepanne en bak 20-25 minute by 180°C. Maak kante los en laat afkoel. Keer uit en sif versiersuiker oor.

## GESKROEIDE VERMICELLI

*Hierdie gewilde nagereg met geroosterde vermicelli*
*of lokshen word by die meeste feeste bedien. 6 Porsies*

250 g botter
3 stukkies pypkaneel
4 kardemompeule
1 pakkie lokshen of 250 g vermicelli
500 ml (2 k) water
suiker na smaak
125 ml (½ k) sultanas
100 g amandelvlokkies

Smelt botter in kastrol; voeg pypkaneel en kardemom by. Druk lokshen liggies stukkend/breek vermicelli in kleiner stukkies en braai in botter tot ligbruin. Voeg water bietjie-bietjie by en kook lokshen/vermicelli tot sag en al die water geabsorbeer is. Voeg suiker na smaak by en roer versigtig tot opgelos. Roer sultanas en amandels met vurk by.

## MASALA-HOENDER

*Strooi 'n mengsel van grofgemaalde rooi brandrissies*
*en sout oor suurlemoenskyfies vir 'n aantreklike garnering*
*met 'n pikante smaak. 6 Porsies*

1 kg hoenderstukke
10 ml (2 t) masala
5 ml (1 t) fyn komyn
5 ml (1 t) fyn koljander
5 ml (1 t) borrie
15 ml (1 e) elk fyngedrukte knoffel en gemmer
1 groen brandrissie, fyngekap
sout en peper na smaak
30 ml (2 e) kookolie
80 ml (⅓ k) kookolie om hoender te bestryk

Verwyder oortollige vet van hoenderstukke. Meng speserye, knoffel, gemmer, brandrissie, sout en peper. Voeg olie by en meng tot 'n pasta. Vryf pasta oor hoenderstukke en laat 1 uur staan. Plaas hoender in 'n bakskottel, bestryk met olie en rooster by 180°C vir 45 minute of tot hoender gaar is. Rangskik op 'n plat bord en garneer met suurlemoenskyfies.

**Bo vlnr:** *Geskroeide vermicelli, masala-hoender, oondgebraaide lamsboud, sousboontjies* **Links:** *'n Trotse pa by die naamgee-seremonie*

## OONDGEBRAAIDE LAMSBOUD

*Gebruik die boud van die skaap wat
vir die* Aqiqa *geslag is. 6 Porsies*

1,5 kg lamsboud
5 knoffelhuisies
6 naeltjies
sout en peper na smaak
90 ml (6 e) kookolie
2 lourierblare
6 middelslag aartappels, geskil en gehalveer
6 murgpampoentjies, ente afgesny en gehalveer

Maak insnydings in boud en stop met knoffel en naeltjies. Geur mildelik met sout en peper. Giet olie in braaipan, plaas boud in braaipan en steek lourierblare onder boud in. Rooster by 200°C vir 15 minute aan elke kant om vleis te seël. Verminder hittegraad tot 180°C en rooster vir 1 ½ uur. Pak die aartappels rondom die vleis en rooster nog 30-40 minute. Voeg murgpampoentjies by 10 minute voor vleis gaar is. Sit voor met Sousboontjies.

## SOUSBOONTJIES

*Maklik en vinnig om te maak met geblikte suikerboontjies.
As jy droë suikerboontjies gebruik, week dit oornag in water
en kook tot sag, maar nie pap nie. 6 Porsies*

1 ui, gekap
250 ml (1 k) bruinasyn
10 ml (2 t) fyngedrukte knoffel
1 groen brandrissie, fyngekap
60-90 ml (1 ¼-⅓ k) bruinsuiker
2 naeltjies
1 wonderpeperbessie
2 ml (½ t) peperkorrels
1 lourierblaar
2 blikkies (410 g elk) suikerboontjies
sout en peper na smaak

Plaas uie, asyn, knoffel, brandrissie, bruinsuiker, naeltjies, wonderpeper, peperkorrels en lourierblaar in kastrol. Verhit tot kookpunt en prut 15 minute oor lae hitte. Pas suiker-/asyn-hoeveelhede aan indien nodig om goeie soetsuur-balans te verkry. Voeg boontjies in sous by en prut nog 15 minute. Geur met sout en peper na smaak en laat afkoel. Sit voor met Oondgebraaide Lamsboud of Plaatfrikkadelle.

# TAMAT

**Links, bo vlnr:** *Plaatfrikkadelle, snoek-beryani, maalvleiskerrie, beetslaai, dadelslaai, kabobs, pienangkerrie*
**Bo:** *Jong meisies op pad na die* Madressa

ie *Madressa* of Moslem-skool is een van die belangrikste mediums van onderrig in die Islam-godsdiens en -kultuur. Alle Moslem-kinders woon vanaf sesjarige ouderdom smiddags ná hul gewone (sekulêre) skooldag hierdie skool by – gewoonlik vir die volle duur van hul laerskoolloopbaan. By die *Madressa* ontvang hulle onderrig in elementêre geloofsleerstellings sowel as die lees van die Koran, wat in Arabies geskryf is. Die *Madressa* speel dus 'n baie belangrike rol in die behoud van die Islam-kultuurerfenis.

Sodra 'n kind sy onderrig in die Islam voltooi het en die Koran volledig kan voordra, vind 'n kleurryke seremonie plaas en word daar feesgevier omdat dit vir die hele gemeenskap rede tot vreugdebetoon is. Seuns word in Arabiese kleding getooi met 'n *sorbaan*, of tulband, op die kop en na die moskee vergesel deur begeleiers in soortgelyke uitrustings. By die moskee moet die kinders dele van die Koran lees en voordra en word hul kennis van die elementêre leerstellinge van die Islam getoets deur *Imams* wat deur hul ouers genooi word. Die seremonie staan bekend as *Tamat*, wat ook 'n kind se toetrede tot die volwasse lewe simboliseer.

Na die *Tamat*-seremonie word almal by die moskee sowel as bure en vriende genooi om die familie se feesvieringe by die seun se huis by te woon. Hulle vier fees so lank as wat daar kos is. Die vermoëndheid van die seun se ouers bepaal weer hoe oorvloedig die fees is. Gewoonlik word tee met 'n keur van gebak, soortgelyk aan dié by die Doopmaal bedien, gevolg deur 'n warm ete. Gewilde geregte soos Snoek-beryani en Gesmoorde Rys word dikwels voorgesit.

Die tradisionele *Tamat*-verrigtìnge het feitlik uitgesterf in die Kaaps-Maleiese gemeenskap en is by verskeie *Madressas* deur 'n kinderdag vervang.

## SNOEK-BERYANI

*Hoewel vis in die algemeen as huiskos beskou word,*
*word ryker visgeregte soos hierdie Beryani en Gesmoorde*
*Snoek vir spesiale geleenthede berei. 6-8 Porsiess*

*4 x 250 ml (4 k) Tastic-rys*
*2 stukkies pypkaneel*
*2 kardemompeule*
*10 ml (2 t) sout*
*2 kg snoek, in porsies gesny*
*sout na smaak*
*125 ml ( ¹/₂ k) kookolie*

### Marinade

*1 stukkie pypkaneel*
*6 naeltjies*
*1 ml ( ¹/₄ t) peperkorrels*
*2 kardemompeule*
*5 ml (1 t) borrie*
*10 ml (2 t) fyn koljander*
*10 ml (2 t) fyn komyn*
*5 ml (1 t) fyn vinkel*
*6 knoffelhuisies, fyngedruk*
*2 middelslag tamaties, geskil en gekap*
*500 ml (2 k) natuurlike joghurt*
*sout na smaak*

*2 groot uie, in skywe gesny*
*5 middelslag aartappels, geskil en in kwarte gesny*
*2 knippies saffraan, in 250 ml (1 k) water geweek*
*50 g botter, in blokkies gesny*

Plaas rys saam met pypkaneel, kardemompeule en sout in 'n kastrol. Voeg genoeg water by om rys te bedek. Verhit tot kookpunt en kook vir 10 minute. Dreineer in 'n vergiettes, spoel met koue water af en hou eenkant.

Geur visporsies met sout, en braai sowat 3 minute aan elke kant in warm olie. Verwyder uit pan en plaas in groot, plat opdienskottel. Meng bestanddele vir marinade en giet oor vis; maak seker dat elke porsie deeglik bedek is. Marineer vir 30 minute.

Braai uie in olie waarin vis gebraai is tot sag en goudkleurig. Skep met gleuflepel uit en hou eenkant. Braai aartappels in dieselfde olie tot goudbruin. Verwyder uit pan en hou eenkant.

Giet oorblywende olie in 'n groot kastrol. Sprinkel 250 ml (1 k) rys oor olie en rangskik visskywe met marinade en die helfte van die uie bo-op die rys. Pak lae aartappels oor die vis en bedek met die res van die rys. Bedek met die oorblywende uie. Giet saffraanwater oor en stip met botterblokkies. Bedek kastrol met 'n digsluitende deksel en prut 45 minute oor lae hitte. Sit voor met *Dhai*.

## PLAATFRIKKADELLE

*Hierdie vleisgereg word 'plaatfrikkadelle' genoem omdat*
*dit tradisioneel op 'n bakplaat gebak is. 6 Porsies*

*4 dik snye ou brood*
*2 uie, fyngekap*
*30 ml (2 e) botter*
*1 kg gemaalde beesvleis*
*5 ml (1 t) droë gemengde kruie*
*6 knoffelhuisies, fyngekap*
*2 ml ( ¹/₂ t) neutmuskaat*
*5 ml (1 t) sout*
*varsgemaalde swartpeper*
*60 ml (4 e) gekapte pietersielie vir garnering*

Week brood in water. Soteer uie in botter tot deurskynend. Meng gemaalde beesvleis en uie in 'n mengbak. Druk water uit brood en voeg saam met ander bestanddele by maalvleis; meng deeglik. Vorm groot frikkadelle. Pak in 'n gesmeerde oondvaste skottel en bak by 180°C vir 40 minute of tot gaar en bruin. Garneer met pietersielie en sit voor met Soet Saffraanrys en Beetslaai.

## PIENANGKERRIE

*'n Matige lamskerrie, geprut tot alle geure vermeng*
*het om 'n aromatiese geheel te vorm wat waarlik*
*die smaakkliere prikkel. 6 Porsies*

*2 lourierblare*
*1 ml ( ¹/₄ t) heel naeltjies*
*4 wonderpeperbessies*
*5 vet knoffelhuisies*
*2 stukkies kassia*
*50 ml (4 e) kookolie*
*2 groot uie, in skywe gesny*
*1 kg lamsvleis*
*15 ml (1 e) masala*
*10 ml (2 t) borrie*
*'n stukkie tamaryn in 125 ml ( ¹/₂ k) water geweek of*
*sap van 2 suurlemoene*
*30 ml (2 e) bruinsuiker*
*sout na smaak*

Stamp lourierblare, naeltjies, wonderpeper, knoffel en kassia fyn tot 'n pasta. Verhit olie in 'n kastrol en soteer uie en pasta tot uie deurskynend is. Voeg lamsvleis by en bedek kastrol met 'n digsluitende deksel. Prut ongeveer 35 minute oor lae hitte. Meng masala, borrie, deurgesygde tamarynvloeistof of suurlemoensap, suiker en sout. Giet versigtig oor die vleis; maak seker dat elke stukkie vleis deeglik bedek is. Sit deksel op en prut vir 20 minute of totdat die vleis sag is. Sit voor met Bonnet Jasmyn-gegeurde rys.

## KABOBS

*Tradisionele Kaaps-Maleise kabobs word met hardgekookte eiers gemaak. 8-10 Kabobs*

*6 snye witbrood in water geweek*
*1 kg gemaalde beesvleis*
*1 groot ui, baie fyn gekap*
*5 ml (1 t) fyngedrukte knoffel*
*2 eiers, geklits*
*30 ml (2 e) botter*
*2 ml (½ t) neutmuskaat*
*sout en peper na smaak*
*8-10 hardgekookte eiers, afgedop*
*kookolie vir braai*
*1 lourierblaar*
*suurlemoen- en tamatiewiggies vir garnering*

Druk water uit brood. Plaas in mengbak en voeg res van bestanddele behalwe eiers en lourierblaar by. Meng goed. Maak 'n holte in die mengsel. Sit 'n brandende houtkool in

'n metaalbakkie in die holte. Bedek met 'n dik lap of kombers om die rook in te hou en die vleis 'n rooksmaak te gee. Berook 40 minute. Verwyder kool en bedek elke eier met maalvleis. Verhit olie met lourierblaar in en braai kabobs aan alle kante tot goudbruin; bedruip kort-kort terwyl kabobs braai. Garneer met suurlemoen- en tamatiewiggies en sit voor met blatjang.

## SABANANGVLEIS

*'n Ongewone skaapvleisgereg met 'n heerlike ligte kerriegeur. 6 Porsies*

*125 g botter*
*2 groot uie, gekap*
*10 ml (2 t) fyngedrukte knoffel*
*1 kg gemaalde skaapvleis*
*500 g gekookte aartappels, fyngedruk*
*sout en peper na smaak*
*10 ml (2 t) masala*
*5 ml (1 t) borrie*
*180 ml (¾ k) Bulgaarse joghurt*

**Onder:** *'n Seun leer uit die Koran vir* Tamat

4 naeltjies
4 lourierblare
60 g botter

Smelt 125 g botter in 'n kastrol en soteer uie en knoffel tot goudkleurig. Voeg maalvleis by en roerbraai voortdurend om klonte te voorkom tot vleis goed bruin is. Verwyder van stoof en meng met fyngedrukte aartappels, sout, peper, masala, borrie en joghurt. Skep in gesmeerde oondvaste skottel. Maak die bokant glad en druk lourierblare in vleis. Stip met botter en bak by 180°C tot deurwarm en goud-bruin. Sit voor met Bonnet-rys.

## MAALVLEISKERRIE

*Die ertjies en gekookte eiers wat bygevoeg word, verleen aan hierdie maalvleisgereg 'n feestelike voorkoms. 6-8 Porsies*

60 ml ( ¼ k) kookolie
2 groot uie, fyngekap
2 stukkies kassia
4 kardemompeule
4 naeltjies
1 takkie kerrieblare
1 kg gemaalde beesvleis
1 blik (410 g) gekapte tamaties
10 ml (2 t) elk fyn komyn en fyn koljander
15 ml (1 e) masala
3 ml ( ½ t) borrie

**Bo vlnr:** *Maalvleiskerrie, soet saffraan-rys, kabobs, gesmoorde rys*
**Onder regs:** *Plaatfrikkadelle*

30 ml (2 e) knoffel-en-gemmerpasta
500 g bevrore ertjies
6 gekookte eiers, afgedop en gehalveer
1 bossie vars koljanderblare, gekap

Verhit olie in 'n kastrol en soteer uie, kassia, kardemom-peule, naeltjies en kerrieblare tot uie goudbruin is. Voeg maalvleis by en smoor tot bruin. Voeg tamaties, komyn, koljander, masala, borrie en knoffel-en-gemmerpasta by. Bedek kastrol met digsluitende deksel en prut vir 30 minute. Voeg ertjies by en prut tot ertjies gaar is. Voeg eiers by; skep vleissous daaroor. Prut vir 5 minute. Sprinkel gekapte koljanderblare oor en sit voor met Tastic-rys.

## PERLEMOENFRIKKADELLE

*Matiger geursel word vir hierdie perlemoengereg gebruik om die delikate perlemoengeur te behou. 6 Porsies*

600 g gemaalde perlemoen
1 klein ui, fyngekap
2 knoffelhuisies, fyngedruk
30 ml (2 e) brandrissiesous
30 ml (2 e) gekapte pietersielie
10 ml (2 t) varsgemaalde swartpeper
1 groot eier, liggies geklits

*sout na smaak*
*broodkrummels om frikkadelle te bedek*
*kookolie vir vlakbraai*

Meng al die bestanddele buiten die broodkrummels en olie in 'n bak. Vorm frikkadelle en bedek met broodkrummels. Laat 15 minute in die yskas staan. Verhit olie en braai frikkadelle 5-8 minute aan elke kant tot goudbruin. Sit voor op 'n laag Tastic-rys met blatjang.

## Soet Saffraan-Rys

*'n Besondere rysgereg wat slegs met spesiale geleenthede voorgesit word omdat saffraan so duur is. 6 Porsies*

---

*500 ml (2 k) Bonnet Jasmyn-gegeurde rys*
*1,5 liter (6 k) water*
*sout na smaak*
*2 stukkies pypkaneel*
*4 kardemompeule*
*2 ml (½ t) saffraan*
*125 ml (½ k) suiker*
*100 g botter of margarien*

Plaas rys, water, sout, pypkaneel en kardemompeule in 'n groot kastrol en verhit tot kookpunt. Verminder hittegraad, bedek met 'n digsluitende deksel en kook tot rys amper gaar is. Dreineer in vergiettes en spoel met koue water af. Plaas terug in kastrol; voeg saffraan, suiker en botter by. Roer deur; plaas deksel terug; stoom 20 minute oor lae hitte.

## Gesmoorde Rys

*Gebruik 'n kastrol met 'n digsluitende deksel om te verseker dat al die geure behoue bly. 6-8 Porsies*

---

*1 groot ui, gekap*
*5 ml (1 t) komynsaad*
*3 kardemompeule*
*2 stukkies kassia*
*3 elk wonderpeperbessies en naeltjies*
*60 ml (¼ k) kookolie*
*500 ml (2 k) Tastic-rys*
*10 ml (2 t) sout*
*1 liter (4 k) water*
*15 ml (1 e) botter*

Soteer ui, komyn, kardemom, kassia, wonderpeper, en naeltjies in olie tot ui sag en goudkleurig is. Voeg rys by en roerbraai vir 2 minute. Voeg sout en water by. Verhit tot kookpunt. Bedek kastrol met digsluitende deksel, verminder hittegraad en prut tot rys gaar en al die water weggekook is (20-25 minute). Roer botter by warm rys net voor dit opgedien word. Heerlik saam met enige kerrie.

## Dadelslaai

*'n Ongewone slaai wat die geur van bredies en kerries aanvul. 6 Porsies*

---

*kookwater*
*2 groot uie, in dun skyfies gesny*
*500 g ontpitte dadels, gekap*
*5 ml (1 t) grofgemaalde droë rooi brandrissie*
*sout en suiker na smaak*
*250 ml (1 k) bruinasyn*

Giet kookwater oor uie. Laat staan 5 minute, dreineer en laat afkoel. Pak lae gekapte dadels en uie in 'n glasbak. Meng brandrissie, sout, suiker en asyn en giet oor dadels en uie. Laat staan minstens 2 uur sodat geure tot hul reg kan kom. Sit voor saam met enige vleisgereg.

## Beetslaai

*Kook die beet met blare en stingels om 'n lieflike dieprooi kleur te verkry. 6 Porsies*

---

*1 bossie jong beet, gewas*
*1 ui, in dun skyfies gesny*
*1 groen brandrissie, fyngekap*
*125 ml (½ k) bruinasyn*
*60 ml (4 e) suiker*
*sout en witpeper na smaak*

Kook beet in water tot sag. Laat afkoel en skil. Sny in dun skyfies en pak saam met uie in lae in 'n glasbak. Sprinkel gekapte brandrissie oor. Meng asyn, suiker, sout en witpeper saam en roer tot suiker opgelos is. Giet oor beet. Verkoel minstens 2 uur in yskas voor opdiening.

# RAMADAN

**Links, bo vlnr:** *Skons, puri, keema-en-rys-capsicum, saffraanrys, samoosas, dhaltjies, sop, vrugtige beesvleiskerrie, appel-en swart-bessie-pannekoekies, pampoenkoekies, plaatkoekies*
**Bo:** *Die vas word na die aandgebed gebreek*

en van die vyf hoekstene van Islam is om gedurende die maand Ramadan te vas – verpligtend vir elke Moslem sodra puberteit bereik word. Swanger vroue (indien hulle voel dat dit hulle of die baba kan skaad), reisigers en vroue wat menstrueer, word verskoon, maar moet dan later vas vir soveel dae as wat hulle misgeloop het. Pleks daarvan om te vas, moet diegene wat siek is, asook bejaardes, 'n behoeftige mens daagliks van kos voorsien, of 'n boete aan armes betaal in die vorm van rys of die geldwaarde daarvan.

Die vas begin sodra die nuwemaan aan die begin van die negende maand van die Moslem-kalender die eerste keer waargeneem word en kom tot 'n einde met nuwemaan aan die begin van die tiende maand – 'n tydperk van 29-30 dae. Tydens die vas mag geen kos, drank of enigiets anders van sonop tot sononder die liggaam binnegaan nie. Rook is ook verbode. Kinders word van sesjarige ouderdom aangemoedig om ook te vas, selfs net vir 'n halwe dag. Namate hulle ouer word, word die tyd verleng tot hulle in staat is om die hele dag te vas.

Ramadan is 'n veeleisende tyd – veral vir vroue met gesinne. Benewens hul gewone dagtaak wat hulle verrig en die kos wat hulle vir die gesin kook, moet hulle ook elke dag lekkernye en versnaperinge voorberei om saans vir hul bure te stuur. 'n Vrou se dag begin 'n uur voor sonop, wanneer sy opstaan om vir die gesin *Saur* (ontbyt) te maak. Met die oog op die lang dag wat voorlê berei sy dikwels vir elke lid van die gesin wat hy of sy ook al wil hê. Ontbyt bestaan gewoonlik uit vrugtesap, hawermoutpap of mieliepap, roosterbrood en tee of koffie. Mans wat bouers is of ander werk doen wat fisiek veeleisend is, wil soms tjops, eiers of ander proteïenryke kos hê sodat hulle dwarsdeur die dag krag kan hê. Ontbyt moet afgehandel wees voor sonop en die oproep tot gebed.

Wanneer die vrou terugkom van die werk af, of sodra sy haar huiswerk afgehandel het, moet sy aandete kook. Sy kook haar gesin se gunsteling-geregte, asook 'n pot sop. Omdat sy vas, mag sy nie die kos proe terwyl sy kook nie. Buiten die aandete, maak sy ook iets spesiaals vir haar bure. Hierdie lekkernye of southappies wissel van dag tot dag, en 'n mens kan jou indink hoe kreatief sy moet wees om elke dag met iets nuuts en opwindends vorendag te kom. Hierdie hoofstuk word spesiaal opgedra aan al die wonderlike Moslem-vroue wat my dikwels om resepte vir sulke lekkernye nader.

Teen sononder kom die gesin bymekaar om die etenstafel, keurig gedek met dadels, water en al die lekkernye wat die bure gestuur het. Daar kan maklik meer as tien verskillende soorte happies gelyktydig op die tafel wees. Die vas is verby wanneer die oproep tot aandgebed kom. Ná 'n kort gebed eet elkeen volgens tradisie 'n dadel en neem 'n slukkie water. Dit word gevolg deur sop, en omdat 'n mens ná die daglange vas 'n behoefte het aan soet en olierige kos, word die lekkernye en southappies volgende geëet. Die hoofmaal volg op die aandgebed. Die meeste gesinne nuttig hul hoofmaal wanneer hulle terugkom van die moskee waar daar elke aand gedurende die vas gebid word.

Die Ramadan-vas word dikwels met 'n bergklimtog vergelyk. Die eerste 14 dae is opdraand en moeilik omdat die liggaam nog aanpas by die gebrek aan kos. Namate die vas vorder, krimp die maag en word minder kos ingeneem. Op die 15de dag word 'n groot pot *boeber* (soortgelyk aan melkkos) gemaak en aan al die bure gestuur om die hoogtepunt van die vas te vier. Ook bure wat nie Moslems is nie wag gretig vir die *boeber* wat dié dag uitgestuur word!

Die laaste dae van die vas is heelwat makliker en is gevul met bedrywigheid – almal in die huishouding help verf en skoonmaak ter voorbereiding van die 27ste nag, die 'Nag van Krag', waartydens die Koran geopenbaar is. Dit is ook die nag van vergifnis van sonde. Die 'Nag van Krag' het voorheen ook as *kersopsteek* bekend gestaan, want voordat elektrisiteit beskikbaar was, is talle kerse in elke kamer in die huis aangesteek om die lig te simboliseer wat op die mensdom neergedaal het met die openbaarmaking van die Koran. In baie huishoudings word kerse steeds aangesteek, ondanks die beskikbaarheid van elektriese lig.

Etlike dae voor nuwemaan word daar in Moslem-huishoudings gewoel en gewerskaf om voorbereidings te tref vir *Eid-ul-Fitr* (*Labarang Ramadan*). Almal in die huis kry nuwe klere en die vroue bak koek en beskuitjies en beplan die spyskaart vir die fees waarmee die vas beëindig word. Teen die einde van Ramadan kom mans uit die gemeenskap by Groenpunt en Kampsbaai bymekaar sodat hulle kan sien wanneer die nuwemaan verskyn. Moslems oral op die Skiereiland word in kennis gestel sodra hulle dit waarneem. Dan word beryani, wat oornag gemarineer moet word, berei, asook soveel moontlik van die kos vir die fees wat vooraf gemaak kan word. Dit gee die vroue tyd om die talle gaste te onthaal wat die volgende dag sal kom om die gesin voorspoed toe te wens.

Die oggend van *Eid-ul-Fitr* woon die mans die Eid-gebede by die moskee by, terwyl die vroue pragtig versierde tafels dek met pasteie, samoosas, koek, beskuitjies en ander lekkernye. Ná die Eid-gebede gaan die mans van huis tot huis om goeie wense aan almal oor te dra. By elke huis kry hulle iets te ete en te drinke. Kinders kry by elke huis wat hulle besoek 'n geldjie as geskenk. Dis heel amusant om te sien hoe hulle vroegaand hul geld sit en tel. Menige Piet, Paul en Klaas word vir die dag Mogamat, Yusuf en Sedick sodat hulle ook iets in die sak kan kry! Dit is ook die tyd van *Fitra* – die gee van 'n bord kos of die geldwaarde daarvan aan 'n behoeftige Moslem. Die naam *Eid-ul-Fitr* kom van die woord *Fitra*. Met middagete kom die gesin om die tafel bymekaar om fees te vier en Allah te dank dat hulle tydens die vas beskerm is. Daarna word daar tot laat in die nag feesgevier en gekuier.

**Links:** *Wanneer die nuwemaan waargeneem word, word Moslems oor die hele skiereiland verwittig*

# SOP

*Daar is nie 'n groot verskeidenheid Kaaps-Maleise soppe nie. Dieselfde basiese resep word telkens gebruik en die sop kry sy naam van die bestanddeel wat dit verdik: ertjies, boontjies of lensies.*

### Basiese Sop
*6 Porsies*

*1 kg sopbene (skenkelvleis)*
*3 wortels, gerasper*
*1 ui, gekap*
*1 tamatie, geskil en gekap*
*3 rape, gerasper*
*1 groot aartappel geskil en gerasper*
*250 ml (1 k) elk gekapte seldery en gekapte pietersielie*
*6 wonderpeperbessies*
*5 ml (1 t) peperkorrels*
*10 ml (2 t) fyngedrukte knoffel*
*250 ml (1 k) droë boontjies, oornag in water geweek*
*sout en peper na smaak*

Plaas alle bestanddele in kastrol en bedek met water. Verhit tot kookpunt, verlaag temperatuur en prut oor lae hitte tot sop dik is en vleis van bene afval. Verwyder bene, maar behou murg, en sit voor saam met *Ony-ony*.

# ONY-ONY

*Ony-ony kan ook lokshen vervang wanneer* Boeber *gemaak word.*

*250 ml (1 k) meelblom*
*'n knippie sout*
*genoeg water om 'n sagte deeg te vorm*

Meng al die bestanddele tot 'n sagte deeg wat uitgerol kan word. Keer op 'n meelbestrooide oppervlak uit en rol baie dun uit (2 mm). Sny in lang, dun repe; plaas repe in kokende sop. Gaar *ony-ony* het dieselfde tekstuur as gaar pasta.

# PURI

*Deegpoffertjies wat in diepvet gebraai word en as brood saam met kerrie voorgesit word. 24 Puri*

*250 ml (1 k) meelblom*
*5 ml (1 t) sout*
*30 ml (2 e) kookolie*
*genoeg water om 'n stywe deeg te vorm*
*kookolie vir diepbraai*

**Bo:** *Volgens tradisie word die vas gebreek met 'n dadel en 'n bietjie water, gevolg deur 'n bakkie sop*

Meng meel en sout. Voeg olie by en vryf met vingerpunte in tot die mengsel soos fyn broodkrummels lyk. Voeg genoeg water by om 'n stywe deeg te vorm. Rol baie dun uit (2 mm) en sny in vierkante. Diepbraai in olie tot uitgepof en 'n bleekgoue kleur. Sit voor by enige kerrie.

# ROTI

*'n Plat, pannekoekagtige brood wat gewoonlik saam met kerrie voorgesit word. Klein stukkies word met die vingers afgebreek om die vleis en sous mee op te skep. 18 Roti*

*750 ml (3 k) meelblom*
*5 ml (1 t) sout*
*50 ml (4 e) kookolie*
*genoeg water om 'n sagte deeg te vorm*
*250 g sagte margarien*
*kookolie vir vlakbraai*

Meng meel en sout in groot mengbak. Voeg olie by en vryf met vingerpunte in tot meelmengsel soos fyn broodkrummels lyk. Voeg water by en meng om 'n taamlik sagte deeg te maak. Keer uit op meelbestrooide oppervlak en rol uit tot grootte van 'n rolkoekpan.

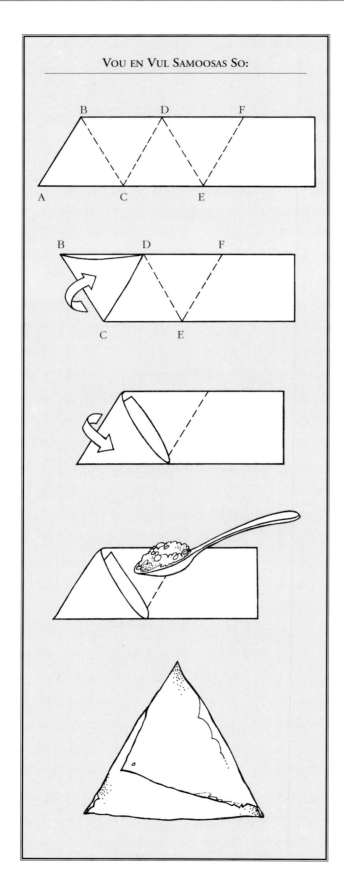

**VOU EN VUL SAMOOSAS SO:**

Smeer deeg met sagte margarien en rol op soos 'n rolkoek. Bedek met vadoek en laat minstens 30 minute staan. Breek stukkies deeg af vorm ronde balle so groot soos 'n tennisbal. Rol elke bal uit tot die grootte van 'n groot bord. Braai 2 minute aan elke kant in warm olie. Sit dadelik voor saam met groente- of maalvleiskerrie.

# SAMOOSAS

*Die tradisionele vulsel vir samoosas is gemaalde beesvleis, hoewel vulsels met gemengde groente, hoender of aartappelblokkies net so gewild is. 36 Samoosas*

### Hoendervulsel

*1 ui, fyngekap*
*200 g gemaalde hoender*
*5 ml (1 t) fyn komyn*
*5 ml (1 t) fyn koljander*
*'n knippie brandrissiepoeier*
*5 ml (1 t) fyngedrukte knoffel*
*5 ml (1 t) fyngedrukte gemmerwortel*
*sout na smaak*
*60 ml (4 e) kookolie*
*60 ml (4 e) gekapte koljanderblare*

Roerbraai al die bestanddele buiten die koljanderblare in 'n kastrol tot die hoender gaar is. Verwyder van die plaat en voeg koljanderblare by. Laat afkoel en vul samoosas.

### Pur

*5 ml (1 t) suurlemoensap*
*250 ml (1 k) koue water*
*750 ml (3 k) meelblom*
*'n knippie sout*
*kookolie om pur te bestryk*
*meel om oor te strooi*

Voeg suurlemoensap by water. Sif meel en sout, voeg water en suurlemoensap by en meng tot 'n taamlik stywe deeg. Verdeel deeg in 12 gelyke dele en rol elke deel in 'n balletjie (so groot soos 'n tafeltennisballetjie). Rol elke balletjie uit tot 'n skyfie, 6-8 cm in deursnee.

Bestryk elke skyfie liggies aan weerskante met olie; maak seker dat die hele skyf bedek is. Strooi meel oor bokante en plaas ses skyfies op mekaar. Bokant van boonste skyfie en onderkant van onderste skyfie word nie met olie bestryk nie. Rol elke hopie skyfies uit tot een skyf so groot soos 'n groot bord en plaas op 'n bakplaat.

Bak 3-5 minute in 'n warm oond (200°C) om die lae te skei. Laat effens afkoel en sny pur in repe van 4 cm breed. Trek die lae van mekaar af en bedek met 'n klam doek. Vul en vou samoosas só:

Sny 'n reep deeg skuins van A tot B soos geïllustreer. Bring A oor na D deur langs BC te vou. Hou C vas en bring B oor na F deur langs DE te vou en vorm só 'n sakkie vir die vulsel. Plaas 10 ml (2 t) *koue* vulsel in die sakkie en vou die oorblywende flap oor. Vou die kante in om 'n driehoek te vorm. Verseël met 'n pasta van meel en water om te keer dat vulsel uitloop of olie insypel wanneer samoosas gebraai word. Diepbraai samoosas in 'n groot kastrol tot goud-bruin. Verwyder met 'n gleuflepel en dreineer oortollige olie op papierhanddoek. Garneer met suurlemoen-wiggies en sit warm voor.

## GEURIGE VETKOEK

*Vetkoek is heerlik met 'n pikante vulsel en is ideaal om tydens Ramadan vir jou bure te stuur. 24 Vetkoekies*

*250 ml (1 k) koekmeelblom*
*5 ml (1 t) bakpoeier*
*'n knippie sout*
*5 ml (1 t) gemengde kruie*
*1 eier, liggies geklits*
*125 ml ( ¹/₂ k) melk*
*kookolie vir diepbraai*

**Bo vlnr:** *Visfrikkadelle, samoosas, appel-en swartbessie-pannekoekies, plaatkoekies, skons, suikermieliepoffertjies, dhaltjies, pampoenkoekies*

Sif meel, bakpoeier en sout saam. Roer gemengde kruie by. Klits eier en melk saam en voeg by droë bestanddele. Meng tot 'n sagte beslag. Skep lepelsvol beslag in warm olie en diepbraai tot ligbruin aan alle kante. Verwyder met 'n gleuf-lepel; dreineer oortollige olie op papierhanddoek. Sny oop en vul met hoendervulsel vir samoosas, maalvleiskerrie of klein frikkadelletjies.

## SUIKERMIELIEPOFFERTJIES

*Berei in 'n kits vir die gesin of gaste wat onverwags opdaag. 12 Poffertjies*

*1 eier, geklits*
*60 ml (4 e) bruismeel*
*'n knippie sout*
*'n knippie peper*
*'n knippie brandrissiepoeier*
*1 blik (410 g) suikermielies, gedreineer*
*5 ml (1 t) Worcestersous*
*kookolie vir vlakbraai*

# MERANG

**Links, bo vlnr:** *Gesmoorde longetjies, pootjies met uie en tamatie, patat-en-klapperpoeding, skaaptongetjies, sagopoeding, penslawar*
**Bo:** *Skaaptongetjies met sambals*

*H*ierdie godsdienstige seremonie wat steeds beoefen word, was deel van die lewe van die slawe-gemeenskap 300 jaar gelede. Terwyl slawe-eienaars vir kerkdienste of nagmaal byeengekom het, het hul slawe bymekaargekom om te leer lees en skryf en hul Islam-godsdiens te beoefen en te versprei.

Tydens hierdie byeenkomste het die slawe hulself gewoonlik heerlik getrakteer op hul meesters se weggooikos: skaap- of beespootjies en -pens, skaapkop, tong en longetjies. Slawe uit die gemeenskap wat nie die fees kon bywoon nie, het van hierdie spesiale geregte as 'n *barakat*, of geskenk, ontvang. Die *Merang*-byeenkomste het die slawegemeenskap se samehorigheidsgevoel versterk, hulle 'n regmatige geleentheid gebied om hul godsdiens regmatig te beoefen en hulle vir 'n kort tydjie van alle bande bevry.

Deesdae kom mense in die Kaaps-Maleise gemeenskap steeds Sondae bymekaar vir Merang. Sodra die gebede gesê is, gaan sit die mans in *safs* (rye) op swierig versierde tapyte op die vloer. Die kos word in bakke deur die vroue aangedra en met die rye afgestuur. Elke man kry 'n bord en help homself aan sy keuse van geregte. Tydens die maaltyd sorg die vroue dat die nimmereindigende kosbakke vol warm kos bly. Die ouer vroue en kinders sit aan by tafels in 'n ander vertrek en word bedien terwyl die mans hul maaltyd geniet. Ernstige en soms driftige gesprekke vind tydens die ete plaas oor onderwerpe soos politiek, rugby en krieket. Voor die koms van die foon en die faks was *Merang* ook 'n manier om kontak te behou met die gemeenskap.

Ná die maal word emmertee, 'n stroopsoet tee met kondensmelk en suiker, in 'n wit emalje-emmer bedien. Pakkies kos of koek, die tradisionele *barakat,* word vir die gaste opgemaak om huis toe te neem. Die *barakat* is steeds belangrik in die kultuur van die Kaapse Maleiers en word vandag nog as 'n seëning beskou.

## GESMOORDE SKAAPTONGETJIES

*'n Uiters gewilde fynkos wat by spesiale geleenthede soos* Merang *voorgesit word. 6 Porsies*

---

*6 skaaptongetjies*
*genoeg water om die tongetjies te bedek,*
*met 15 ml (1 e) sout bygevoeg*
*kookolie vir braai*
*6 naeltjies*
*4 lourierblare*
*6 wonderpeperbessies*
*sout en peper na smaak*

Maak tongetjies skoon en sny alle spiervesel af. Week oornag in soutwater om slym te verwyder. Verhit olie in 'n kastrol en braai naeltjies, lourierblare en wonderpeper vir 3 minute. Verwyder tongetjies uit water en druk droog. Geur met sout en peper en braai 5 minute aan elke kant saam met speserye. Verminder hittegraad, bedek kastrol met 'n digsluitende deksel en prut oor lae hitte tot tongetjies sag is. Sit voor met saffraanrys en sambals.

**Bo:** *Pootjies met uie en tamatie word met rys en sambals voorgesit en is altyd gewild by 'n tradisionele* Merang

## PENSLAWAR

*Kerrie-pens en pekeluitjies in 'n dik, pikante sous. 6-8 Porsies*

---

*1 kg pens*
*15-20 klein pekeluitjies*
*10 ml (2 t) masala*
*10 ml (2 t) fyn koljander*
*10 ml (2 t) fyn komyn*
*5 ml (1 t) borrie*
*10 ml (2 t) fyngedrukte knoffel*
*1 lourierblaar*
*3 wonderpeperbessies*
*3 naeltjies*
*30 ml (2 e) kookolie*
*1 eier, liggies geklits*
*250 ml (1 k) melk*
*sap van 1 suurlemoen*

*sout na smaak*
*fyn neutmuskaat na smaak*

Kook pens met 'n bietjie asyn in water tot sag. Sny in dun repe en hou eenkant. Soteer uie en speserye behalwe neutmuskaat 'n paar minute in olie. Voeg 'n bietjie van die pensaftreksel by uie en verhit oor lae hitte tot kookpunt. Voeg pens by en kook vir 5-10 minute. Verwyder van stoof. Meng eier en melk en voeg by pens; meng goed om te voorkom dat dit skif. Voeg suurlemoensap by en geur met sout en neutmuskaat na smaak. Sit voor met geelrys.

## GESMOORDE BREIN

*Gesmoorde harsings word vandag nog in die*
*Kaaps-Maleise gemeenskap as 'n besonderse*
*lekkerny beskou. 4 Porsies*

---

*1 skaapbrein, oornag in liggesoute*
*water geweek om van bloed ontslae te raak*
*1 groot ui, gekap*
*30 ml (2 e) kookolie*
*1 groen brandrissie, fyngekap*

Verwyder harsings uit soutwater en trek vliese af. Braai ui in olie tot bruin. Voeg harsings en brandrissie by en roerbraai 6 minute tot gaar (dit raak ondeursigtig). Sit voor met varsgebakte brood en botter.

## POOTJIES MET UIE EN TAMATIE

*'n Mens kan deesdae die pootjies klaar skoongemaak koop*
*en jou slagter vra om dit in stukke te sny. 6 Porsies*

---

*6 skaappootjies, skoongemaak en in stukke gesny*
*3 groot uie, gekap*
*4 wonderpeperbessies*
*6 naeltjies*
*2 ml ( 1/2 t) peperkorrels*
*125 ml ( 1/2 k) water*
*90 ml (6 e) kookolie*
*15 ml (1 e) fyngedrukte knoffel*
*1 groen brandrissie, gekap*
*1 blik (410 g) heel, geskilde tamaties*
*1 blik (410 g) tamatiepuree*
*suiker na smaak*
*sout en varsgemaalde swartpeper*

Kook pootjies in water tot baie sag en lymerig; skep skuim kort-kort af. Plaas uie, wonderpeper, naeltjies, peperkorrels en water in 'n groot kastrol en verhit tot kookpunt. Kook

tot al die water geabsorbeer is. Voeg olie by en braai tot uie goudkleurig is. Voeg knoffel, brandrissie, tamaties, tamatiepuree en pootjies by. Bedek met digsluitende deksel en prut 20 minute; roer gereeld om aanbranding te voorkom. Voeg nog water by indien nodig. Geur na smaak met suiker, sout en peper. Sit voor met Bonnet-witrys.

## KERRIE-POOTJIES EN BOONTJIES

*Gebruik een beespoot in plaas van skaappootjies.*
*Vra jou slagter om dit in stukke te sny. 6 Porsies*

---

*6 skaappootjies of 1 beespoot, skoongemaak en in stukke gesny*
*2 uie, gekap*
*2 kardemompeule*
*3 stukkies kassia*
*90 ml (6 e) kookolie*
*3 tamaties, gekap*
*10 ml (2 t) masala*
*5 ml (1 t) elk fyn komyn en fyn koljander*
*5 ml (1 t) borrie*
*1 groen brandrissie, gekap*
*10 ml (2 t) fyngedrukte knoffel*
*2 blikke (410 g elk) botterbone*
*sout na smaak*

Kook die skoongemaakte pootjies tot sag en lymerig. Braai die uie, kardemom en kassia in olie tot uie goudkleurig is. Voeg tamaties, speserye en knoffel by en kook tot die mengsel 'n dik pap vorm. Voeg pootjies by en prut 10 minute. Voeg die bone en sout na smaak by en laat prut tot dit deeglik deurwarm is. Sit voor op 'n laag varsgekookte Tastic-rys saam met 'n verskeidenheid sambals.

**Onder:** *Slawe het dikwels Sondae op Groentemarkplein bymekaar gekom (foto met vergunning van die Suid-Afrikaanse Biblioteek)*

## GESMOORDE LONGETJIES

*Hierdie 'afvalkos' bly 'n besonderse lekkerny en is baie
gewild onder die Kaapse Maleiers. 6 Porsies*

*1 kg longetjies
asyn om longetjies in te week
2 uie, gekap
1 lourierblaar
4 naeltjies
4 wonderpeperbessies
2 ml ( ¹/₂ t) peperkorrels
90 ml (6 e) kookolie
2 tamaties, geskil en gekap
1 groen brandrissie, gekap
6 aartappels, geskil en in blokkies gesny
sout en peper na smaak*

Was longetjies en verwyder vliese. Week minstens 1 uur in
asyn om van bloed ontslae te raak. Gooi asyn af; was
longetjies onder koue lopende water. Kook in water tot
sag. Sny in klein blokkies; hou eenkant. Braai uie, lourier-
blaar, naeltjies, wonderpeper en peperkorrels in 'n groot
kastrol in olie. Voeg longetjies, tamaties en brandrissie by;
prut 10 minute. Voeg aartappels en sout en peper na smaak
by; bedek met digsluitende deksel. Prut oor lae hitte tot
aartappels gaar is. Sit voor saam met Tastic-rys.

## KERRIE-HOENDERVLERKIES
## MET BOTTERBONE

*Op hulle eie is kerrie-hoendervlerkies ook
'n heerlike koue gereg. 6 Porsies*

*500 g hoendervlerkies
5 ml (1 t) fyn gemmer
10 ml (2 t) fyn koljander
3 ml ( ¹/₂ t) swartpeper
10 ml (2 t) masala
45 ml (3 e) kookolie
375 (1 ¹/₂ k) fyngekapte uie
2 knoffelhuisies, fyngedruk
500 ml (2 k) hoenderaftreksel
2 blikke (410 g elk) botterbone, gedreineer
sout na smaak
vars koljanderblare vir garnering*

Was hoendervlerkies en druk droog. Meng fyn speserye en
vryf vlerkies daarmee in. Verhit olie in kastrol en verbruin
hoendervlerkies. Verwyder van stoof en hou eenkant.
Soteer uie en knoffel in dieselfde olie tot deurskynend.
Voeg hoenderaftreksel by; verhit tot kookpunt. Voeg vler-
kies by; prut 15 minute. Verminder hittegraad, voeg bone
by en prut 10 minute met deksel op. Geur met sout, gar-
neer met koljanderblare en sit voor met Bonnet-rys.

## OUTYDSE BONE-EN-
## KARMENAADJIE-KERRIE

*Lamstjops (karmenaadjies) deurtrek met
'n delikate soetsuur-kerriesous. 6 Porsies*

*250 g botterbone, oornag in water geweek
30 ml (2 e) kookolie
1 groot ui, gekap
2 lourierblare
2 wonderpeperbessies
2 naeltjies
2 ml ( ¹/₂ t) peperkorrels
5 ml (1 t) elk masala en fyn komyn
5 ml (1 t) fyn koljander
2 ml ( ¹/₂ t) borrie
10 ml (2 t) fyngedrukte knoffel
5 ml (1 t) fyngedrukte gemmerwortel
250 ml (1 k) bruinasyn
suiker en sout na smaak
1 kg lamstjops*

Kook bone tot sag, gooi water af en hou eenkant. Verhit
olie in 'n kastrol en soteer uie, lourierblare, wonderpeper,
naeltjies en peperkorrels tot uie deurskynend is. Voeg
masala, komyn, koljander, borrie, knoffel en gemmer by en
roerbraai vir 3 minute. Voeg asyn, sout en suiker na smaak
by (proe vir 'n goeie soetsuur-balans). Voeg lamstjops by,
bedek met 'n digsluitende deksel en prut tot vleis sag is.
Voeg bone by en prut tot dit goed deurwarm is. Sit voor
saam met varsgekookte Tastic-rys en sambals.

## SAGO-POEDING

*Gebakte melknageregte is baie gewild onder die
Kaapse Maleiers. Tapioka of vermicelli kan in plaas
van sago gebruik word. 6 Porsies*

*375 ml (1 ¹/₂ k) sago
4 eiers, geskei
2 stukkies pypkaneel
4 kardemompeule
180 ml ( ³/₄ k) suiker
10 ml (2 t) rooswater
'n knippie sout
500 ml (2 k) melk
100 g botter
gesmelte appelkooskonfyt*

Week sago minstens 1 uur in water. Meng eiergele, pypkaneel, kardemom, suiker, rooswater, sout en melk. Klits eierwitte styf en vou by melkmengsel. Roer sago in en skep in gesmeerde oondvaste skottel. Stip met botter en bak by 180°C vir 30 minute of tot ferm. Sit voor saam met gesmelte appelkooskonfyt (smelt die konfyt oor lae hitte om aanbranding te voorkom).

## PATAT-EN-KLAPPERPOEDING

*Patats is geneig om waterig te wees, probeer dus om nie water by te voeg terwyl dit gaarstoom nie. 6 Porsies*

*100 g botter
2 stukkies pypkaneel
4 kardemompeule
1 kg patats, geskil en in skyfies gesny
250 ml (1 k) bruinsuiker
250 ml (1 k) droë klapper
glanskersies en kruisementblare vir garnering*

Smelt die botter in 'n kastrol en voeg die pypkaneel en kardemom by. Pak die patats in lae en strooi bruinsuiker oor elke laag. Verminder die hittegraad, bedek die kastrol met 'n digsluitende deksel en laat stoom vir ongeveer

**Bo:** *Patat-en-klapperpoeding en kerrie-hoendervlerkies met botterbone is 'n heerlike kombinasie*

30-40 minute. Voeg net 'n klein bietjie water by as die patats of die suiker aanbrand. Roer die klapper by sodra die patats sag is. Garneer met kersies en kruisementblare en sit voor met vla en 'n bietjie ekstra klapper.

## EMMERTEE

*Volgens tradisie is een van die gebruike by* Merang *om soet tee in 'n emalje-emmer te bedien. Elke gas skep vir homself 'n koppie tee uit die emmer. 50 Koppies*

*250 ml (1 k) teeblare
15 ml (1 e) fyn kardemom
moeseliensakkie
500 ml (2 k) kondensmelk
suiker na smaak
genoeg kookwater om 'n 10-liter emmer te vul*

Plaas teeblare en kardemom in moeseliensakkie en bind stewig vas. Plaas die sakkie in emmer en giet kookwater daaroor. Voeg kondensmelk en suiker na smaak by en roer om te meng. Haal die moeseliensakkie uit sodra tee sterk genoeg is. Sit voor ná die maaltyd by *Merang.*

# VERLOWING

**Links, bo vlnr:** *Grondboontjiebotter-koekies, sjokoladeroompies, maklike laagkoek, fancies, hertzogkoekies, piesangpuri, brosbrood, Johnson's specials*
**Bo:** *Koeksisters en piesangpuri*

*I*n die Christendom word die huwelik as 'n instelling van God beskou; in Islam is dit 'n regs-maatskaplike kontrak tussen man en vrou. In teenstelling met die algemene opvatting dat Islam-huwelike in die Kaaps-Maleise gemeenskap gereël word, kan geen egpaar sonder wedersydse toestemming in die huwelik bevestig word nie en berus die keuse van 'n huweliksmaat by die betrokke individue. Ouers en ouer familielede gee jongmense uiteraard raad en op grond van hul lewenservaring steek daar dikwels heelwat wysheid in hul woorde.

Lang verhoudings word ontmoedig. 'n Jong man wat 'n jong vrou die hof wil maak, moet haar ouers se toestemming vra. Ná 'n paar besoeke, of wanneer die ouers meen dit is gepas, sal hulle die jong man vra om sy ouers te stuur om die reëlings vir die bruilof te bespreek. As die jong man nie wil trou nie, sal hy eenvoudig nie na die jong vrou se huis teruggaan nie. Maar as hy ernstig is oor die saak, stel hy sy ouers van sy voornemens in kennis, koop 'n ring, bepaal 'n datum vir die gesprek en stel haar ouers in kennis van dié datum, wat dan die verlowingsdatum word.

Vir die verlowingsfees bak die jong vrou se familie gewoonlik tafels vol koek en beskuitjies. Dit word op pragtige glasborde gerangskik wat dikwels spesiaal vir die geleentheid aangekoop word. Dié borde word met kleurryke sellofaan toegedraai en met strikke vasgebind. 'n Teetafel word gedek en die jong vrou se vriendinne word genooi om die fees by te woon.

Die jong man vergesel nie die afvaardiging wat die verlowing gaan bespreek nie, maar vra sy pa en ouer mans in sy familie om dié taak namens hom te verrig. Daar kan tot 12 mans in die afvaardiging wees. Op die afgesproke datum gaan hulle na die jong vrou se ouerhuis, gewapen met geskenke en die verloofring. Daar word hulle deur haar ouers ontmoet en dra die jong

man se pa sy seun se wens oor om met hul dogter te trou. Die boodskap word aan die jong vrou oorgedra, wat dan formeel tot 'n huwelik instem. Hierna steek die jong man se pa of een van sy ooms die verloofring aan haar vinger.

Nou word die troudatum bespreek, wat in ortodokse families selfs net 'n week ná die verlowing kan wees. Die voornemende bruidegom neem ook nie aan dié bespreking deel nie, maar bly tuis by die vroulike lede van sy familie. Nadat sy afvaardiging verversings genuttig het, vertrek hulle om hom van die uitslag van die gesprek te verwittig. Elkeen kry 'n bord koek en beskuitjies om saam te neem, terwyl die feesviering by die huis van die voornemende bruid voortduur. Die meeste van die koek en beskuitjies wat vir 'n doopmaal gebak word, word ook by 'n verlowingsfees aangetref. Ander gunstelinge is die volgende:

## Hertzogkoekies

*Heerlike klappertertjies met 'n appelkooskonfyt-vulsel. 24 Tertjies*

### Kors

*425 ml (1 ³/₄ k) meelblom*
*10 ml (2 t) bakpoeier*

**Bo:** *Tydens die verlowingsfees steek die pa van die voornemende bruidegom, wat nie self die seremonie bywoon nie, die ring aan die voornemende bruid se vinger*

*10 ml (2 t) suiker*
*'n knippie sout*
*125 g botter*
*3 eiergele*

### Vulsel

*180 ml ( ³/₄ k) suiker*
*500 ml (2 k) droë klapper*
*3 eierwitte, styf geklits*
*100 ml (8 e) gladde appelkooskonfyt*

Sif al die droë bestanddele vir die kors. Vryf die botter in totdat mengsel soos broodkrummels lyk. Klits eiergele en voeg by meelmengsel om deeg te vorm. Laat die deeg vir 15 minute in yskas en rol 5 mm dik op 'n meelbestrooide oppervlak uit. Druk sirkels uit wat groot genoeg is om in kolwyntjiepannetjies te pas en voer die pannetjies daarmee. Om die vulsel te maak, vou die suiker en klapper by die styfgeklitste eierwitte in. Plaas 'n halwe teelepel konfyt op die deeg in elke kolwyntjiepan en bedek rojaal met die klappermengsel. Bak 15-20 minute by 180°C.

## BROSBROOD

*Fyn kardemom gee dié immer gewilde beskuitjies*
*'n heerlike geur. 24 Beskuitjies*

250 g ongesoute botter
125 ml ( ¹/₂ k) strooisuiker
625 ml (2 ¹/₂ k) meelblom
125 ml ( ¹/₂ k) mielieblom
5 ml (1 t) bakpoeier
5 ml (1 t) vanieljegeursel of 3 ml ( ¹/₂ t) fyn kardemom
versiersuiker om bo-oor te sif

Verroom botter en suiker tot lig. Voeg oorblywende bestanddele by en meng tot 'n sagte deeg. Druk in vierkantige koekpan van 25 cm; prik oraloor met 'n vurk. Bak by 160°C tot brosbrood net begin bruin word (40 minute). Sny in blokkies voor dit heeltemal afgekoel het. Sif versiersuiker oor; wikkel beskuitjies los; laat verder op draadrak afkoel.

## SJOKOLADEROOMPIES

*Vir die beste resultate, gebruik melksjokolade van*
*goeie gehalte vir die vulsel. 48 Beskuitjies*

250 g botter
250 ml (1 k) strooisuiker
2 eiers
4 x 250 ml (4 k) meelblom
60 ml ( ¹/₄ k) kakao
5 ml (1 t) bakpoeier
'n knippie sout
375 ml (1 ¹/₂ k) droë klapper
gesmelte sjokolade om tussen beskuitjies te smeer

Verroom botter en strooisuiker tot lig. Voeg eiers een-een by; klop deeglik in. Sif meel, kakao en bakpoeier en sout; vou by bottermengsel in. Voeg klapper by; meng tot stywe deeg. Maak balletjies so groot soos okkerneute; pak op gesmeerde bakplaat. Druk balletjies met vurk plat. Bak 15 minute by 180°C. Wikkel beskuitjies los; laat op draadrak afkoel. Plak twee-twee aanmekaar met gesmelte sjokolade.

## GRONDBOONTJIEBOTTER-KOEKIES

*Korrelrige grondboontjiebotter gee dié koekies*
*'n lekker krakerige tekstuur. 60 Koekies*

250 ml (1 k) suiker
250 g botter
45 ml (3 e) grondboontjiebotter

625 ml (2 ¹/₂ k) meelblom
500 ml (2 k) droë klapper
500 ml (2 k) elk hawermout en graanvlokkies
3 groot eiers
7 ml (1 ¹/₂ t) koeksoda

Verroom suiker, botter en grondboontjiebotter. Meng droë bestanddele behalwe koeksoda in 'n aparte bak. Klits eiers en koeksoda; voeg by bottermengsel. Meng goed. Voeg droë bestanddele by; meng tot stywe deeg. Rol deeg in balletjies so groot soos okkerneute; pak op gesmeerde bakplaat. Druk effens plat met lepel. Bak 15-20 minute by 180°C. Wikkel beskuitjies los; laat op 'n draadrak afkoel.

## JOHNSON'S SPECIALS

*Baasbaksters in die Kaaps-Maleise gemeenskap maak*
*graag verskillende kleure Johnson's Specials. 24 Blokkies*

4 eiers, geskei
500 ml (2 k) suiker
250 ml (1 k) water
625 ml (2 ¹/₂ k) meelblom
5 ml (1 t) bakpoeier
'n knippie sout

**Stroop**

500 ml (2 k) suiker
250 ml (1 k) water
30 g botter
60 ml ( ¹/₄ k) kakao
5 ml (1 t) vanieljegeursel
500 ml (2 k) droë klapper

Klits eiergele; voeg suiker bietjie-bietjie by. Klop goed tot mengsel lig en romerig is. Klop water by. Sif droë bestanddele; vou by eiermengsel in. Klop eierwitte styf; vou by beslag in. Giet beslag in gesmeerde vierkantige pan. Bak 20 minute by 180°C. Keer op draadrak uit; laat afkoel. Sny in vierkante. Om stroop te maak, los suiker oor lae hitte in water op. Voeg botter, kakao en vanieljegeursel by; verhit tot kookpunt. Verwyder van stoof en laat afkoel. Dompel koekblokkies in stroop; bedek goed aan alle kante en rol in klapper.

## MAKLIKE LAAGKOEK

*Pas dié standaardresep aan deur kakao, speserye, kitskoffie*
*of klapper by te voeg om die geur te verander.*

125 g botter
250 ml (1 k) strooisuiker

*3 eiers*
*500 ml (2 k) meelblom*
*20 ml (4 t) bakpoeier*
*'n knippie sout*
*125 ml ( ¹/₂ k) melk gemeng met 125 ml ( ¹/₂ k) water*
*5 ml (1 t) vanieljegeursel*

Verroom botter en suiker tot lig. Voeg eiers een-een by; klop deeglik. Sif droë bestanddele in afsonderlike bak en voeg om die beurt met water-en-melk-mengsel by geroomde mengsel en meng telkens deeglik. Voeg vanieljegeursel by en skep beslag in gesmeerde koekpanne. Bak by 180°C vir 20-25 minute of tot goed uitgerys en ferm en 'n toetspen skoon uitkom. Maak kante los en keer op draadrak uit om af te koel. Smeer vulsel van jou keuse tussen lae en versier volgens smaak.

## FANCIES

*Gebruik die Maklike Laagkoek-beslag om*
*'fancies' te maak. 24 Blokkies*

---

*Maklike Laagkoek-beslag*
*glansversiersuiker*
*geklopte room*
*glanskersies en neute vir versiering*

Maak die beslag volgens aanwysings vir Maklike Laagkoek; bak in 'n vierkantige koekpan (pas baktyd aan). Keer uit en laat afkoel. Sny in vierkante en bedek met glansversiersuiker. Versier met geklopte room, kersies en neute.

## PIESANGPURI

*Hierdie lekkerny is 'n goeie voorbeeld van die Indiese invloed*
*op Kaaps-Maleise kookkuns. Die resep bevat nie piesangs nie –*
*die naam kom van die vorm van die puri. 32 Puri*

---

*625 ml (2 ¹/₂ k) meelblom*
*'n knippie sout*
*2 ml ( ¹/₂ t) bakpoeier*
*20 ml (4 t) botterolie of gesmelte botter*
*125 ml ( ¹/₂ k) melk*
*100 ml (8 e) water*
*1 eier*
*botterolie of gesmelte botter om mee te bestryk*
*meelblom om oor te strooi*

**Stroop**

*375 ml (1 ¹/₂ k) suiker*
*250 ml (1 k) water*
*2 ml ( ¹/₂ t) rooswater*

Sif meelblom, sout en bakpoeier. Vryf botterolie of botter in tot mengsel soos broodkrummels lyk. Meng melk en water; klits eier en voeg by melk. Voeg vloeistof by droë bestanddele en meng tot stywe deeg. Verdeel deeg in ses gelyke dele. Rol elke deel baie dun uit in skyf so groot soos kleinbordjie. Bestryk weerskante met botterolie of gesmelte botter en strooi meelblom oor. Stapel skywe opmekaar. Rol uit in een skyf so groot soos groot bord. Bestryk weer met botterolie of gesmelte botter en rol styf op soos rolkoek. Sny rol in 10 mm-skyfies. Druk elke skyfie plat tot ongeveer 10 mm breed. Diepbraai skyfies in olie-en-botterolie-mengsel oor medium hitte tot 'n ryk ivoorkleur. Haal uit met gleuflepel en plaas op papierhanddoek. Om stroop te maak, plaas suiker en water in kastrol en los suiker oor lae hitte in water op. Verhit tot kookpunt en roer tot dik en stroperig. Voeg rooswater by. Dompel gebraaide puri in warm stroop.

## KOEKSISTERS

*Die sukses van hierdie resep hang van die gladheid*
*van die aartappelmengsel af. 36 Koeksisters*

---

*6 middelslag aartappels, geskil en gehalveer*
*250 ml (1 k) melk*
*60 ml ( ¹/₄ k) kookolie*
*60 g botter, gesmelt*
*1 groot eier, liggies geklits*
*1 pakkie (10 ml/2 t) kits-suurdeeg*
*60 ml ( ¹/₄ k) suiker*
*5 x 250 ml (5 k) meelblom*
*5 ml (1 t) sout*
*7 ml (1 ¹/₂ t) fyn kaneel*
*5 ml (1 t) fyn gemmer*
*2 ml ( ¹/₂ t) fyn naeltjies*
*5 ml (1 t) fyngedrukte nartjieskil*
*2 ml ( ¹/₂ t) fyn kardemom*
*5 ml (1 t) anys*
*kookolie vir diepbraai*

**Stroop**

*250 ml (1 k) water*
*250 ml (1 k) suiker*
*2 kardemompeule*
*1 stokkie kassia*
*droë klapper om oor te strooi*

Kook aartappels in water tot sag. Gooi water af en druk fyn. Voeg melk, olie, botter en eier by en druk heeltemal fyn sodat daar geen enkele klont is nie (druk deur sif indien nodig). Plaas suurdeeg, suiker, meel, sout en speserye in groot mengbak. Voeg aartappelmengsel by en meng tot gladde deeg. Bedek met kleefplastiek en laat op warm plek

**Bo:** *Koeksisters* (bo) *en piesangpuri* (onder) *is van die gewildste gebak wat by 'n verlowingsfees voorgesit word*

rys tot verdubbel (sowat 1 uur). Knie deeg af en keer op meelbestrooide oppervlak uit. Rol stukke deeg in langwerpige vorms (6 cm x 2,5 cm) en laat 15 minute rys. Diepbraai in warm olie tot goudbruin. Verwyder met gleuflepel en plaas op papierhanddoek. Om stroop te maak, plaas alle bestanddele in kastrol en verhit tot kookpunt. Roer oor lae hitte tot stroop 'n lagie op agterkant van lepel vorm. Dompel koeksisters in warm stroop en rol in klapper tot goed bedek.

# BRUILOF

**Links, bo vlnr:** *Samoosas, koekstruif, aartap-*
*pelpoeding, skaapvleis-beryani, sosaties, nartjie-,*
*pruimedant- en amandelrys, bobotie*
**Bo:** *'n Kaaps-Maleise bruidspaar*
*met tradisionele hooftooisels*

**E**en van die swierigste Kaaps-Maleise feeste is stellig 'n tradisionele bruilof. Die trouda-tum word gewoonlik by die verlowing bepaal en voorbereidings vir die onthaal begin onmiddellik. 'n Groot saal word bespreek en al die familielede word in kennis gestel. Spyskaarte word voorgestel, gevolg deur vele redekaweling en verande-ring voordat almal eindelik op een besluit. Een van die opvallendste kenmerke van die Kaaps-Maleise familie-lewe is die groot klem op samewerking tussen groepe, wat tot gevolg het dat bykans die hele gemeenskap by die voorbereidings vir 'n bruilof betrokke raak en help om die koste te dra.

Etlike maande voor die troue slaan die bruid en bruidegom elk 'n ander koers in om almal op die gaste-lys te besoek en na die bruilof te nooi. Hulle gaan van huis tot huis om 'n persoonlike uitnodiging te rig en elk-een in elke huishouding wat besoek word, word genooi. Die gaste word ook genooi om 'n week voor die bruilof by die bruid en bruidegom se ouerhuise te kom kuier.

Die *strykery* vind 'n week voor die bruilof plaas. 'n Spesiale kamer in die bruid se ouerhuis word leegge-maak om die varsgestrykte trousseau ten toon te stel: onder meer ryklik geborduurde handgemaakte bedde-goed, handdoeke en négligés. Gaste word genooi om die trousseau te besigtig en terselfdertyd hul geskenke by die uitstalling te voeg. (Dis moeilik om 'n goedkoop geskenk te gee as almal kan sien wat jy gebring het!)

Die nag voor die bruilof kom haal vroue van die bruidegom se huishouding die trousseau en geskenke, wat dan in kaste in die kwistig voorbereide bruidskamer gepak word. Die voorbereiding van die bruidskamer is die verantwoordelikheid van die bruidegom, wat een van die talle meubelmakers in die gemeenskap opdrag gee om die slaapkamermeubels met die hand te maak. Die vroue in sy familie versier die kamer met die weelderigste gordyne, dekens en kussings. Die oorvloed van die bruidskamer getuig van die status van die bruidegom se familie.

Die seremonie en onthaal vind tradisioneel op 'n Sondag plaas. Die saal of vertrek waar die onthaal gehou word, word die aand vantevore deur die mans versier. Dit staan bekend as die *trimmery*. Dié bedrywighede gaan gepaard met die sing van tradisionele liedjies en 'n baldadige grapmakery. Om middernag word Gesmoorde Snoek, Suikerboontjiebredie, rys en sambals voorgesit, terwyl soet tee onophoudelik vloei om die singende kele nat te hou.

Terwyl die mans besig is met die *trimmery*, begin die vroue kook. Uithaler-kokke in die familie word gevra om na die kosmakery om te sien en word deur die jonger vroue bygestaan. Om kos te maak vir 'n tradisionele Kaaps-Maleise bruilof kan 'n logistieke nagmerrie wees. Die bruid en bruidegom het afsonderlike bruilofsfeeste waarheen elk sy of haar eie gaste nooi. Maar elkeen wat wil kom, nie-Moslems inkluis, is welkom. 'n Bruilof is dus 'n ware gemeenskapsfees en enige moontlike aantal gaste kan elk van die feeste bywoon. En die grootste verleentheid vir enige ouerpaar is as daar nie genoeg kos vir die gaste is nie. *Die wind het gewaai ...* is die uitdrukking wat gedemp gefluister word om na dié skande te verwys.

Die huwelikseremonie vind plaas by die moskee, waar die bruid deur haar vader of 'n bejaarde man uit haar familie verteenwoordig word. Nóg die bruid, nóg enige ander vrou woon die seremonie by waar die bruidegom in die openbaar sy voorneme verklaar om met die bruid te trou, en die bruidskat betaal. Aan die einde van dié seremonie word al die mans by die moskee na die bruid se huis genooi vir 'n

swierige teedrinkery en om die bruid geluk te wens. Die bruid, in haar oggend-uitrusting en vergesel van twee lede van haar gevolg, neem voor 'n groot spieël plaas. Daar wag sy die bruidegom in, wat saam met al die mans aankom om die ring aan haar vinger te steek en aan haar ouers lof toe te swaai. Die spieël weerkaats die bose oog terug na enigeen wat met kwade bedoelings gekom het om die bruid geluk te wens.

By die onthaal, wat gewoonlik in die namiddag plaasvind, word tee, koek en konserf met gereelde tussenposes voorgesit, gevolg deur aandete vroegaand. Die bruid eet nie van die kos wat vir die gaste voorgesit word nie, omdat die bruidegom se familie spesiale bruidskos vir haar voorberei. Die bakke en mandjies bruidskos word swierig met sellofaan toegedraai en op die bruidstafel geplaas vir die bruid en die vroue in haar gevolg.

Die gevolg bestaan onder meer uit strooijonkers en -meisies, bruidsmeisies, 'n hofknapie en 'n blommemeisie. Hulle beweeg saam met die bruidspaar van die een fees na die ander, waar hulle 'n sentrale posisie inneem, gewoonlik op 'n verhoog, sodat die gaste hulle die hele tyd kan sien. As die bruid welgesteld genoeg is, kan sy tot drie keer gedurende die verloop van die dag van uitrusting verander. Vir maande ná die bruilof sal almal in die gemeenskap nog praat oor die kos by die onthaal, die bruid se pragtige uitrustings, haar skoonheid en haar geluk.

Uitgesoekte ouer vroue wat al die pelgrimstog na Mekka onderneem het, dra satyn en goud by die bruilof. Na afloop van die ete stuur die bruidegom hulle om sy vrou te gaan haal. Te midde van trane van afskeid van familie en vriende vergesel dié vroue, asook enige ander gaste wat die bruidskamer wil sien, die bruid dan daarheen.

Die volgende resepte is vir gunsteling-geregte by 'n tradisionele Kaaps-Maleise bruilof.

## OUTYDSE HOENDERPASTEI

*Dié pastei bly maar 'n gunsteling onder feesvierende vriende en familie. 6-8 Porsies*

### Kors

*750 ml (3 k) meel*
*5 ml (1 t) sout*
*500 g margarien*
*1 eiergeel*
*15 ml (1 e) asyn*
*genoeg yswater om 'n sagte deeg te vorm*
*250 ml (1 k) meelblom*
*125 ml ( ½ k) mielieblom*
*10 ml (2 t) kremetart*

Sif 750 ml (3 k) meel en sout. Sny margarien in 4 gelyke dele en vryf een kwart in die meel in

**Bo:** *Outydse hoenderpastei, mafrew met geurige rys en denningvleis*
**Links:** *Blommemeisie*

tot dit soos fyn broodkrummels lyk. Laat res van die margarien sag word. Meng eiergeel en asyn en voeg 'n bietjie yswater by. Voeg yswatermengsel geleidelik by meel en meng versigtig met 'n klein messie. Die deeg moet baie sag wees. Bedek en laat minstens 1 uur in die yskas staan. Meng 250 ml (1 k) meelblom, mielieblom en kremetart. Besprinkel 'n oppervlak met 'n bietjie van dié mengsel en rol deeg daarop uit. Smeer 'n kwart van die margarien oor die deeg, besprinkel met 'n bietjie van die meelmengsel en vou deeg in derdes. Laat minstens 1 uur in yskas rus. Herhaal tot margarien en meelmengsel opgebruik is. Bedek deeg en hou in yskas tot gebruik. Haal 'n paar minute voor gebruik uit yskas en rol 5 mm dik uit.

### Vulsel

*1 groot hoender*
*1 groot ui, gekap*
*1 lourierblaar*
*1 ml ( ¼ t) peperkorrels*
*3 wonderpeperbessies*
*3 naeltjies*
*sout en peper na smaak*
*genoeg water om hoender te bedek*
*100 ml (8 e) sago, in water geweek*
*1 eiergeel gemeng met 25 ml (2 e) suurlemoensap*
*4 hardgekookte eiers, in skyfies gesny*

Plaas hoender, ui en speserye in 'n groot kastrol. Bedek met water en kook tot vleis maklik van die been verwyder kan word. Verwyder die vel en bene en sny vleis in klein stukkies. Voeg by aftreksel en geur na smaak. Verhit tot kookpunt en voeg sago by. Prut oor lae hitte tot sago deurskynend is. Voeg die eiergeel en suurlemoensap by en meng goed om te keer dat eier skif. Skep die vulsel in pasteiskottel wat met pasteideeg uitgevoer is. Pak 'n laag hardgekookte eierskywe bo-op en bedek met pasteideeg. Versier pastei met deegblare. Bestryk egalig met geklitste eier en bak 30-40 minute in 'n warm oond (200°C) tot goudbruin. Sny in skywe en sit voor.

## SAMOOSAS

*Maak die Pur volgens die resep op bl. 44. Buiten die tradisionele maalvleisvulsel, is hoender- of groentevulsel ook gewild. 36 Samoosas*

### Vulsel

*100 g gemaalde beesvleis*
*5 ml (1 t) fyngedrukte knoffel*
*2 ml ( 1/2 t) fyn gemmer*
*5 ml (1 t) fyn komyn*
*2 ml ( 1/2 t) varsgemaalde swartpeper*
*5 ml (1 t) fyn koljander*
*3 ml ( 1/2 t) borrie*
*1 groen brandrissie, gekap*
*60 ml (4 e) kookolie*
*sout na smaak*
*1 middelslag ui, gekap*
*klein bossie vars koljanderblare, gekap*

Braai maalvleis, speserye en brandrissie in 'n kastrol in olie tot vleis gaar is. Verwyder van stoof. Voeg sout, gekapte uie en koljanderblare by en meng goed. Laat afkoel; vul samoosas soos beskryf op bl. 45.

## SKAAPVLEIS-BERYANI

*Dié beryani, oorspronklik 'n Mogols-Indiese gereg, word by bykans enige feestelike geleentheid voorgesit. 6-8 Porsies*

*4 x 250 ml (4 k) Basmati-rys*
*1 stukkie kassia*
*2 kardemompeule*
*sout na smaak*
*250 ml (1 k) bruin lensies*
*2 uie, in dun skyfies gesny*
*250 ml (1 k) kookolie*
*4 middelslag aartappels, geskil en gehalveer*
*1 kg skaapvleis*

### Marinade

*500 ml (2 k) natuurlike joghurt*
*1 blikkie (410 g) gekapte tamaties*
*2 stukkies pypkaneel*
*4 wonderpeperbessies*
*6 naeltjies*
*15 ml (1 e) fyn komyn*
*10 ml (2 t) fyn koljander*
*5 ml (1 t) borrie*
*5 ml (1 t) fyngedrukte gemmerwortel*
*10 ml (2 t) fyngedrukte knoffel*
*30 ml (2 e) masala*
*sout na smaak*

*'n ruim knippie saffraan*
*125 g botter*
*250 ml (1 k) water*

Kook rys, kassia, kardemom en sout in genoeg water om dit te bedek. Dreineer en hou eenkant. Kook lensies in genoeg soutwater om dit te bedek tot amper sag. Dreineer en hou eenkant. Braai uie in olie tot goudkleurig, verwyder met 'n gleuflepel en hou eenkant. Braai die aartappels in dieselfde olie tot goudbruin, verwyder met gleuflepel en hou eenkant. Was vleis, plaas in 'n groot bak saam met helfte van die gebraaide uie en bedek met marinade. Laat minstens 1 uur lank staan. Giet olie wat vir braai gebruik is in 'n groot kastrol. Sprinkel 500 ml (2 k) rys oor olie en rangskik vleis in marinade bo-op rys. Skep lensies, aartappels en res van rys in lae oor vleis. Plaas oorblywende uie bo-op aartappels en strooi saffraan oor. Stip met botter, giet water oor en bedek kastrol met digsluitende deksel. Kook sowat 10 minute oor hoë hitte. Verminder hittegraad en laat 1 uur prut of tot vleis sag is. Sit voor met *Dhai*.

## BOBOTIE

*'n Heerlike vermenging van geure verklaar die gewildheid van dié bekende Kaaps-Maleise gereg. 6-8 Porsies*

*2 dik snye ou witbrood*
*250-300 ml (1-1 1/4 k) water*
*15 ml (1 e) kookolie*
*50 ml (4 e) botter*
*2 groot uie, gekap*
*800 g gemaalde beesvleis*
*3 knoffelhuisies, fyngedruk*
*15 ml (1 e) masala*
*5 ml (1 t) borrie*
*10 ml (2 t) fyn komyn*
*10 ml (2 t) fyn koljander*
*3 naeltjies*
*2 ml ( 1/2 t) peperkorrels*

## APPELTERTJIES

*Gebruik 2 blikke (410 g elk) tertappels vir die vulsel as jy haastig is. 36 Tertjies*

### Kors

*Berei skilferkorsdeeg volgens resep op bl. 30*

### Vulsel

*1 kg Granny Smith-appels*
*500 ml (2 k) water*
*250 ml (1 k) strooisuiker*
*60 ml ( ¼ k) pitlose rosyne*
*2 stukkies pypkaneel*

Skil die appels en verwyder hulle stronke. Plaas saam met water in 'n groot kastrol en kook tot sag. Voeg al die ander bestanddele by en verhit tot kookpunt. Verwyder van die stoof en laat afkoel. Rol die skilferkorsdeeg 5 mm dik uit en sny in netjiese vierkante. Plaas 10 ml (2 t) vulsel in die middel van elke vierkant. Vou die hoeke van die deeg binnetoe oor die vulsel sodat hulle oorvleuel. Bestryk die deeg met geklitste eiergeel. Pak die tertjies op 'n gesmeerde bakplaat en bak by 180°C tot bros en goudbruin. Sit die appeltertjies warm of koud voor.

## KLAPPERTERT

*Dié resep is ook geskik vir klein tertjies wat in kolwyntjiepannetjies gebak word. Die resep lewer een groot tert of 24 klein tertjies.*

### Kors

*Berei skilferkorsdeeg volgens resep op bl. 30*

### Vulsel

*250 ml (1 k) suiker*
*500 ml (2 k) droë klapper*
*125 ml ( ½ k) water*
*2 stukkies pypkaneel*
*2 kardemompeule*
*1 eier, liggies geklits*

Plaas al die bestanddele behalwe die eier in 'n kastrol en verhit oor lae hitte tot kookpunt. Roer terwyl die mengsel kook, tot die klapper sag en deurskynend is. Verwyder van die stoof, laat effens afkoel en voeg die eier by; meng deeglik om te voorkom dat dit skif. Voer 'n tertpan van 25 cm met deeg uit. Skep vulsel in. Sny die oortollige deeg in repe en vleg. Plaas kruis en dwars oor vulsel; werk rande netjies af. Bestryk die deeg met geklitste eiergeel. Bak 30 minute by 200°C tot goudbruin.

## BASIESE SPONSKOEK

*Vir afwisseling, vervang 50 ml (4 e) meelblom deur kakao en voeg 3 ml (½ t) bakpoeier by, of voeg 10 ml (2 t) kitskoffie by die water.*

*175 g sagte margarien*
*175 ml ( ¾ k) strooisuiker*
*3 eiers, geklits*
*375 ml (1 ½ k) bruismeel*
*'n knippie sout*
*30 ml (2 e) koue water*
*5 ml (1 t) vanieljegeursel*

Verroom margarien en suiker tot lig. Voeg eiers geleidelik by en klop deeglik tot goed gemeng. Sif bruismeel en sout in 'n aparte bak. Vou versigtig met metaallepel by eiermengsel in. Voeg water en geursel by en meng tot 'n sagte drup-beslag. Skep beslag in gesmeerde koekpanne en bak by 180°C tot dit goed gerys het en ferm is. Maak die kante los en keer op 'n draadrak uit om af te koel. Smeer vulsel van jou keuse tussen lae en versier na smaak.

## GEDATMELK

*'n Soet melkdrankie wat by gebedsbyeenkomste ná die begrafnis voorgesit word. 6 Klein koppies*

*1 liter (4 k) melk*
*5 ml (1 t) fyn kardemom*
*5 ml (1 t) fyn kaneel*
*suiker na smaak*
*5 ml (1 t) roosstroop*

Giet melk in 'n kastrol. Knoop kardemom en kaneel in 'n moeseliensakkie toe; laat in melk hang. Roer suiker by; verhit melk tot kookpunt. Verwyder van plaat. Laat 'n paar minute staan om te trek. Verwyder moeseliensakkie met speserye en roer roosstroop by. Sit voor in klein koppies.

# INDEKS

Bladsynommers in *skuinsdruk* verwys na foto's.